U0113373

推进"一带一路"建设工作领导小组办公室　指导

大数据报告

2017

国家信息中心"一带一路"大数据中心　著

商务印书馆
The Commercial Press
创于1897

2018年·北京

《"一带一路"大数据报告（2017）》
课题组

组　长　程晓波

副组长　于施洋　杜　勇　李　娜　杨道玲　王璟璇

主要成员（按姓氏笔画排序）

马绮霞　王沥慷　王建冬　王钰航　刘　桓　刘　梦

刘　琦　许婷婷　孙思佳　李雨思　李祥丽　吴文燕

张璐璐　易成岐　勇毅佳　聂　磊　高　艳　郭明军

曹　攀　傅　娟　童友俊　童楠楠

感谢丝路国信大数据技术有限公司、北京国信宏数科技有限责任公司、大连瀚闻资讯有限公司、北京中联润通信息技术有限公司为本书提供的数据支撑和技术支持。

序　言

2013 年 9 月和 10 月，中国国家主席习近平先后提出共建"丝绸之路经济带"和"21 世纪海上丝绸之路"（以下简称"一带一路"）倡议，得到国际社会的高度关注和有关国家的积极响应。四年来，中国秉持"和平合作、开放包容、互学互鉴、互利共赢"的丝路精神，坚持共商、共建、共享原则，不断扩大与"一带一路"沿线国家的合作共识，推动"一带一路"建设逐渐从理念转化为行动，从愿景转变为现实。全球 100 多个国家和国际组织积极支持和参与"一带一路"建设，联合国大会、联合国安理会等重要决议也纳入"一带一路"建设内容。特别是今年 5 月"一带一路"国际合作高峰论坛成功召开，来自 29 个国家的国家元首、政府首脑与会，130 多个国家和 70 多个国际组织的 1500 多名代表参会，覆盖了五大洲各大区域，形成了 76 大项、270 多项代表性成果。这些成就充分说明，"一带一路"朋友圈越来越大，合作伙伴越来越多，合作领域越来越广，也更加彰显了中国提出这一世纪倡议深孚众望。

信息是推进"一带一路"建设的重要决策依据，也是国际交往中与相关国家增进了解、扩大共识、深化合作的重要基础。特别是大数据时代，信息更是核心资源、关键要素。加强"一带一路"相关信息的采集分析和发布传播，对于有效支撑"一带一路"建设相关决策，构筑快捷、通畅的信息丝绸之路，促进沿线国家互联互通、促进民心相通都具有十分重要的意义。国家信息中心是为"一带一路"战略决策服务的重要支撑机构，在共建"一带一路"倡议提出以来，充分发挥其大数据分析和资源汇聚优势，积极整合有关力量，组建"一带一路"大数据中心,紧密配合推进"一带一路"建设工作领导小组办公室的工作,持续开展常态化大数据专项分析,先后完成 50 余份"一带一路"专题分析报告,创新提出了基于大数据技术的"一带一路"建设情况评估方法体系,并于 2016 年 10 月发布了国内首部"一带一路"大数据综合性年度报告——《"一带一路"大数据报告(2016)》,获得了各界广泛关注和一致好评。今年以来,国家信息中心不断总结经验,在运用大数据技术及时反映、分析、评估和研判"一带一路"建设进展与成效方面继续深入探索,从国别、省市、企业、媒体、智库等多个维度进一步丰富和完善"一带一路"建设情况评估体系,取得一系列新的研究成果,并在此基础上结集出版了《"一带一路"大数据报告(2017)》。我们相信,本书的出版将为国内外各界了解和参与"一带一路"建设提供更为丰富的资讯。希望国家信息中心进一步提高大数据分析能力,努力打造具有引领性、标杆性的大数据品牌,继续为"一带一路"建设提供更多更好的大数据产品和服务。

推进"一带一路"建设工作领导小组办公室

2017 年 8 月

目　录

上篇　综合指数

中篇　专项指数

下篇　重点专题

一带一路

上篇　综合指数

"一带一路"国别合作度评价报告

为科学、全面地反映我国与"一带一路"沿线国家的合作进展和成效，及时发现存在的短板和问题，国家信息中心"一带一路"大数据中心研发了"一带一路"国别合作度指数并对沿线 64 个国家进行测评。测评结果显示，我国与沿线国家合作成效进一步显现，俄罗斯、巴基斯坦、哈萨克斯坦、泰国、越南名列前五；民心相通与政策沟通水平相对较高，资金融通也有所改善；东北亚和东南亚国家与我国合作最为紧密。从各测评维度看，我国与沿线国家领导人互访频繁，政治互信不断深化，相关配套政策不断完善；交通设施特别是航空联通水平不断提高，中欧班列加速与沿线国家的铁路联通；我国与 28 个沿线国家贸易额保持增长态势，双向投资合作也得到拓展，贸易畅通水平不断提高；与沿线国家的金融合作正在逐步深入，金融支撑范围有待进一步扩大；与中亚地区的民心相通水平提升明显，东北亚和东南亚地区国家合作期待最高。

"一带一路"倡议提出近四年来成果丰硕，政策沟通不断深化、设施联通不断加强、贸易畅通不断提升、资金融通不断扩大、民心相通不断促进，全球 100 多个国家和国际组织积极支持和参与"一带一路"建设。特别是 2017 年 5 月举办的"一带一路"国际合作高峰论坛，进一步凝聚了各方共识，为"一带一路"建设国际合作指明了方向，勾画了蓝图。为进一步反映我国与沿线国家的合作进展和成效，国家信息中心"一带一路"大数据中心研发了"一带一路"国别合作度指数并对沿线 64 个国家进行测评。

一、指数介绍

"一带一路"国别合作度指数紧紧围绕《推动共建丝绸之路经济带和 21 世纪海上丝绸之路的愿景与行动》（以下简称《愿景与行动》）所提出的五大合作重点，从政策沟通度、设施联通度、贸易畅通度、资金融通度、民心相通度五个维度构建了包括 5 个一级指标、12 个二级指标、34 个三级指标在内的测评指标体系。在延续 2016 年"一带一路"国别合作度指数基本框架基础上，2017 年对交通设施、通信设施、金融合作等具体指标进行了微调。本次测评对象为"一带一路"沿线 64 个国家（本报告划分为东北亚、东南亚、南亚、西亚北非、中东欧和中亚6 个区域，其中东北亚包括蒙古国、俄罗斯 2 个国家；东南亚包括新加坡、印度尼西亚、马来西亚、泰国、越南、菲律宾、柬埔寨、缅甸、老挝、文莱、东帝汶 11 个国家；南亚包括印度、巴基斯坦、斯里兰卡、孟加拉国、尼泊尔、马尔代夫、不丹 7 个国家；西亚北非包括阿联酋、科威特、土耳其、卡塔尔、阿曼、黎巴嫩、沙特阿拉伯、巴林、以色列、也门、埃及、伊朗、约旦、叙利亚、伊拉克、阿富汗、巴勒斯坦、阿塞拜疆、格鲁吉亚、亚美尼亚 20 个国家；中东欧包括波兰、阿尔巴尼亚、爱沙尼亚、立陶宛、斯洛文尼亚、保加利亚、捷克、匈牙利、马其顿、塞尔维亚、罗马尼亚、斯洛伐克、克罗地亚、拉脱维亚、波黑、黑山、乌克兰、白俄罗斯、摩尔多瓦 19 个国家；中亚包括哈萨克斯坦、吉尔吉斯斯坦、土库曼斯坦、塔吉克斯坦、乌兹别克斯坦 5 个国家），测评方法详见《"一带一路"大数据报告（2016）》[①]。指标体系见表 1。

---

① 国家信息中心"一带一路"大数据中心《"一带一路"大数据报告（2016）》，商务印书馆，2016 年，第 18—20 页。

表1 "一带一路"国别合作度指标体系

一级指标	二级指标	三级指标
政策沟通度 (20)	政治互信（10）	高层互访（5）
		伙伴关系（5）
	双边文件（10）	联合声明（3）
		双边协定（4）
		协议文件（3）
设施联通度 (20)	交通设施（8）	航空联通度（2）
		公路联通度（2）
		铁路联通度（2）
		港口联通度（2）
	通信设施（6）	移动电话普及率（2）
		宽带普及率（2）
		跨境通信设施联通（2）
	能源设施（6）	跨境输电线路联通（3）
		跨境油气管道联通（3）
贸易畅通度 (20)	贸易合作（8）	双边贸易额（3）
		双边贸易增速（3）
		跨境电商连接度（2）
	投资合作（12）	对外直接投资（3）
		实际利用外资（3）
		重大合作项目（6）
资金融通度 (20)	金融合作（10）	双边本币互换（2）
		亚投行参与（4）
		双边货币结算（4）
	金融支撑环境（10）	人民币跨境支付系统（2）
		金融监管合作（3）
		银行海外分布（3）
		保险保障（2）
民心相通度 (20)	旅游与文化（6）	友好城市（2）
		交流活跃度（2）
		人员往来便利化（2）
	人才交流（6）	孔子学院/孔子课堂（3）
		人才联合培养（3）
	双边合作期待（8）	对方合作期待度（4）
		我方合作期待度（4）

二、总体评价结论

（一）"一带一路"合作水平稳步提升，俄罗斯、巴基斯坦、哈萨克斯坦、泰国、越南名列前五，超六成西亚北非地区国家排名上升

测评结果显示，"一带一路"国别合作度指数平均分为45.11，较2016年（43.55）上升1.56，我国与沿线国家的合作进展顺利，成效进一步显现。俄罗斯、巴基斯坦、哈萨克斯坦、泰国、越南分列"一带一路"国别合作度前五（见表2），与2016年相比，俄罗斯继续蝉联首位，巴基斯坦超过哈萨克斯坦位列第二。从排名上升的国家区域分布看，西亚北非地区国家上升最为明显，区域内60%（12/20）的国家较2016年排名有所上升（见图1），其中以色列上升最快。从整体区域来看，东北亚、东南亚国家与我国"一带一路"合作最为紧密（见图2）

表2 "一带一路"国别合作度国家排名

排名	国家	总分	排名	国家	总分
1	俄罗斯	89.80	15	波兰	64.20
2	巴基斯坦	78.31	16	缅甸	60.99
3	哈萨克斯坦	75.92	17	匈牙利	57.68
4	泰国	74.74	18	阿联酋	57.13
5	越南	72.21	19	埃及	56.21
6	新加坡	71.69	20	沙特阿拉伯	53.74
7	马来西亚	70.91	21	斯里兰卡	53.69
8	印度尼西亚	70.70	22	以色列	53.20
9	柬埔寨	70.17	23	菲律宾	53.15
10	蒙古国	68.34	24	白俄罗斯	52.30
11	土耳其	64.96	25	塔吉克斯坦	52.30
12	老挝	64.81	26	尼泊尔	50.63
13	印度	64.71	27	乌克兰	50.33
14	吉尔吉斯斯坦	64.71	28	乌兹别克斯坦	48.84

（续表）

排名	国家	总分	排名	国家	总分
29	孟加拉国	47.47	47	保加利亚	31.61
30	伊朗	47.35	48	土库曼斯坦	31.16
31	卡塔尔	47.13	49	克罗地亚	30.44
32	捷克	45.95	50	东帝汶	29.34
33	阿塞拜疆	41.74	51	黎巴嫩	26.50
34	罗马尼亚	40.36	52	立陶宛	26.08
35	约旦	40.21	53	阿尔巴尼亚	24.34
36	科威特	39.14	54	摩尔多瓦	24.17
37	马尔代夫	38.77	55	斯洛文尼亚	23.91
38	格鲁吉亚	38.66	56	拉脱维亚	21.97
39	塞尔维亚	38.56	57	波黑	20.74
40	文莱	37.99	58	黑山	20.31
41	阿富汗	37.01	59	叙利亚	19.93
42	巴林	36.63	60	爱沙尼亚	18.43
43	亚美尼亚	36.15	61	也门	18.29
44	斯洛伐克	32.31	62	巴勒斯坦	17.75
45	阿曼	32.27	63	马其顿	16.71
46	伊拉克	31.76	64	不丹	9.57

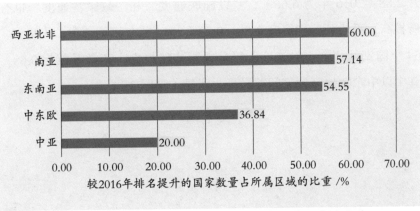

图1 较2016年排名提升的国家数量占所属区域的比重

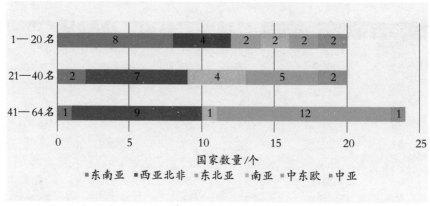

图 2　各区域不同"一带一路"国别合作度排名段的国家数量

（二）民心相通与政策沟通水平相对较高，资金融通得到明显改善

从 5 个一级测评维度看，"民心相通度"指标得分最高，平均分为 10.57（见表 3），且国家间得分差距相对最小，离散系数[①]为 0.34，反映民心相通工作取得进一步成效，沿线各国对"一带一路"建设的共识进一步提高。其次是"政策沟通度"。与 2016 年相比，我国与沿线国家间的资金融通得到明显改善，"资金融通度"指标平均分提升 2.88（2016 年为 6.66），"设施联通度"和"政策沟通度"也有所提高，平均分分别提升 0.56、0.32（2016 年分别为 5.91、9.98）。64 个国家间"资金融通度"得分差距依然最大，离散系数为 0.68，其中以中东欧地区国家间差异最为明显（见图 3）。

---

① 离散系数是测度数据离散程度的相对统计量，主要用于多个总体均值不等的离散程度比较。数值越大，表明该总体内部数据分布较为分散；数值越小，表明该总体内部数据分布较为集中。

表3 "一带一路"国别合作度一级指标得分情况

一级指标	权重	最高得分	最低得分	平均分	得分率/%	离散系数
政策沟通度	20	19.00	2.00	10.30	51.50	0.41
设施联通度	20	17.76	2.76	6.47	32.35	0.48
贸易畅通度	20	17.46	0.29	8.23	41.15	0.49
资金融通度	20	20.00	0.00	9.54	47.70	0.68
民心相通度	20	18.48	4.65	10.57	52.85	0.34

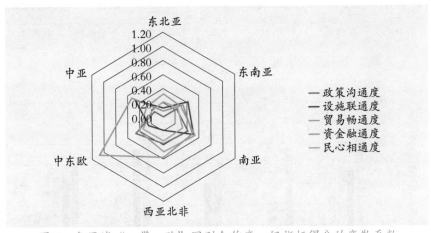

图3 各区域"一带一路"国别合作度一级指标得分的离散系数

（三）东北亚、东南亚国家与我国"一带一路"合作最为紧密，南亚国家合作度水平差距明显

从区域看，东北亚、东南亚国家与我国"一带一路"合作最为紧密，平均分分别为79.07、61.52，且在"贸易畅通度""资金融通度"方面优势显著（见图4、图5）；南亚7国间国别合作度水平差距最为明显，极差[①]为68.74。我国与中亚国家的政策沟通、设施联通和民心相通水平较高，仅次于东北亚国家。西亚北非和中东欧国家在五个方面均表现较弱，国别合作水平仍有待进一步提升。

---

① 极差＝最大值－最小值。

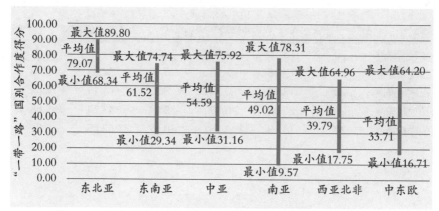

图4 各区域国家间"一带一路"国别合作度水平差距情况

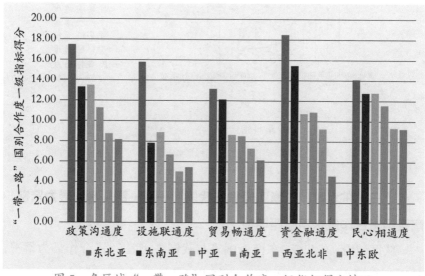

图5 各区域"一带一路"国别合作度一级指标得分情况

三、分项评价结论

进一步从政策沟通度、设施联通度、贸易畅通度、资金融通度、民心相通度五个测评维度对我国与"一带一路"沿线64个国家的合作情况进行分析，结论如下：

（一）政治互信不断增强，双边文件涉及领域更加广泛

"政策沟通度"指标包含政治互信、双边文件 2 个二级指标（见表 4），总体平均分为 10.30（满分为 20.00），较 2016 年有所提升，政策沟通不断加深，巴基斯坦、蒙古国、俄罗斯、柬埔寨、老挝分列前五（见表 5）。从区域分布看，东北亚、中亚和东南亚地区国家与我国政策沟通水平较高（见图 6），中东欧地区相对较弱且国家间差距最为明显。

表 4　"政策沟通度"二级指标得分情况

一级指标	二级指标	权重	最高得分	最低得分	平均分	得分率 /%
政策沟通度	政治互信	10	9.50	2.00	5.13	51.30
	双边文件	10	10.00	0.00	5.17	51.70

表 5　"政策沟通度"指标得分排名前 20 的国家

排名	国家	得分	排名	国家	得分
1	巴基斯坦	19.00	11	白俄罗斯	14.50
2	蒙古国	17.50	12	乌兹别克斯坦	14.50
3	俄罗斯	17.50	13	塞尔维亚	14.50
4	柬埔寨	17.00	14	缅甸	14.00
5	老挝	17.00	15	马来西亚	13.50
6	哈萨克斯坦	16.50	16	斯里兰卡	13.50
7	印度尼西亚	15.50	17	波兰	13.50
8	新加坡	15.00	18	吉尔吉斯斯坦	13.50
9	越南	15.00	19	埃及	13.50
10	沙特阿拉伯	14.50	20	泰国	12.50

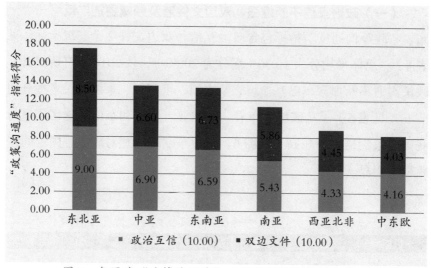

图6　各区域"政策沟通度"二级指标得分及分布情况

1. 我国与沿线国家领导人双边互访更加频繁，"一带一路"国际合作高峰论坛成为高层互动的重要平台

2016年7月—2017年5月，我国与沿线国家高层互访频繁，尤其是沿线国家领导人来华访问较多，在过去不到一年时间里，有17个国家的元首访问中国达26次，其中，在2017年5月举办的"一带一路"国际合作高峰论坛期间有11个"一带一路"沿线国家元首访问中国，高峰论坛成为高层互动的重要平台。双边国家领导人的高层互动进一步增进了国与国之间关系，加强了两国之间的政治互信。"政治互信"指标得分排名前十的国家见图7。

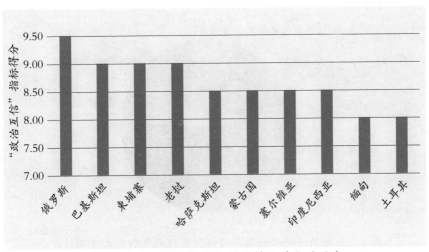

图7　"政治互信"指标得分排名前十的国家

2.配套政策文件逐渐完善，双边合作协议多集中在战略和政策对接、经贸合作、科教文卫等方面

"双边文件"指标的平均分为 5.17（满分为 10.00），较 2016年（5.02）有所提升。我国与沿线国家政府新签署了多项合作协议文件，特别是高峰论坛期间，签署了 270 多项经贸等多领域合作文件。截至 2017 年 5 月，我国已与 43 个沿线国家发布联合声明 / 公报。从签署协议类型看，战略和政策对接（24.00%）、经贸合作（24.00%）占比最大（见图 8），其次为科教文卫（16.67%），具体涵盖智库合作、旅游合作、科研开发、新闻传播等方面。

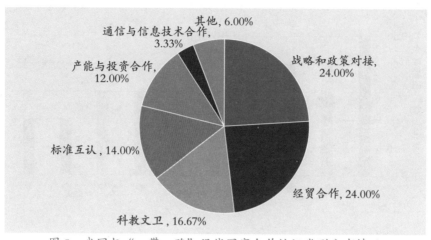

图8 我国与"一带一路"沿线国家合作协议类型分布情况

（二）交通设施联通水平不断提高，通信和能源设施互联互通仍需加强

"设施联通度"指标包含交通设施、通信设施、能源设施3个二级指标（见表6），总体平均分为6.47（满分为20.00），俄罗斯、哈萨克斯坦、蒙古国、缅甸、越南分列前五（见表7）。从具体指标看，"交通设施"平均分为3.52，较2016年（3.02）提升0.50分，我国与沿线国家的交通设施联通水平不断提高；通信设施与能源设施的互联互通还有待继续加强。

表6 "设施联通度"二级指标得分情况

一级指标	二级指标	权重	最高得分	最低得分	平均分	得分率/%
设施联通度	交通设施	8	7.48	0.81	3.52	44.00
	通信设施	6	4.94	0.55	2.36	39.33
	能源设施	6	6.00	0.00	0.59	9.83

表 7 "设施联通度"指标得分排名前 20 的国家

排名	国家	得分	排名	国家	得分
1	俄罗斯	17.76	11	印度	8.34
2	哈萨克斯坦	15.90	12	新加坡	8.14
3	蒙古国	13.84	13	乌克兰	7.47
4	缅甸	13.79	14	泰国	7.19
5	越南	13.61	15	塔吉克斯坦	7.07
6	巴基斯坦	13.08	16	马来西亚	6.95
7	吉尔吉斯斯坦	10.98	17	柬埔寨	6.87
8	老挝	10.07	18	菲律宾	6.66
9	尼泊尔	9.08	19	土库曼斯坦	6.55
10	波兰	8.62	20	捷克	6.55

1. 航空联通水平提升较快，中欧班列加速与沿线国家铁路联通

港口、航空的联通水平较高，"港口联通度""航空联通度"指标得分率分别为 73.86%、67.81%（见图 9），与 2016 年相比，我国与沿线国家的航空联通水平获得较快发展，"航空联通度"指标的得分率提高 30.31 个百分点（2016 年为 37.50%），民航局数据显示，截至 2017 年 5 月，中国民航已与 43 个"一带一路"沿线国家实现空中直航，我国与沿线国家的旅客运输量迅猛增长。从具体国家看，我国与泰国、新加坡、马来西亚等国家的旅客运输量较大（见图 10）。中欧班列成为亚欧大陆物流陆路运输的骨干通道。截至 2017 年 6 月，中欧班列累计开行突破 4000 列，到达欧洲 11 个国家 29 座城市，稳步推动我国与沿线及相关各国的双向贸易，我国与沿线国家铁路联通范围也越来越广，中欧班列开始抵达伊朗、土耳其等西亚北非地区。"交通设施"指标得分前十的国家见表 8。

表 8 "交通设施"指标得分排名前十的国家

排名	国家	得分	排名	国家	得分
1	蒙古国	7.48	3	越南	6.96
2	俄罗斯	7.18	4	尼泊尔	6.18

（续表）

排名	国家	得分	排名	国家	得分
5	哈萨克斯坦	5.67	8	缅甸	5.13
6	印度	5.59	9	吉尔吉斯斯坦	4.60
7	巴基斯坦	5.44	10	老挝	4.58

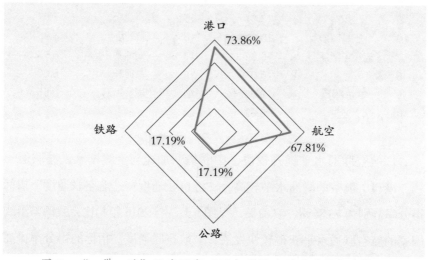

图 9　"一带一路"沿线国家不同交通设施联通的得分率情况

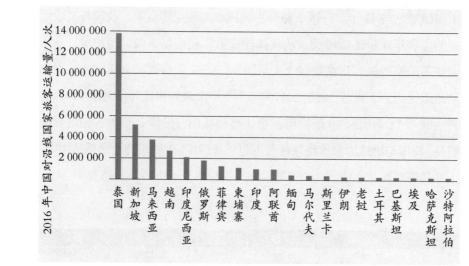

图 10　旅客运输量排名前 20 的国家

2. 我国与东北亚、东南亚、中东欧地区的通信设施联通水平较高

"通信设施"指标平均分为 2.36（满分为 6.00），有 33 个国家的得分在平均分以上，新加坡、俄罗斯、波兰、哈萨克斯坦、乌克兰分列前五。从区域看，我国与东北亚、东南亚、中东欧地区的通信设施联通水平较高（见图 11）。移动电话成为沿线国家主要通信工具，沿线国家移动电话平均普及率高达 121.35%；中东欧地区国家固定宽带普及率最高，互联网接入能力较强。近年来，我国与沿线国家积极推进跨境光缆建设，工信部数据显示，目前我国已与周边 12 个国家建成跨境陆地光缆系统，建成了四条国际海缆，通信设施互联互通正在稳步推进。

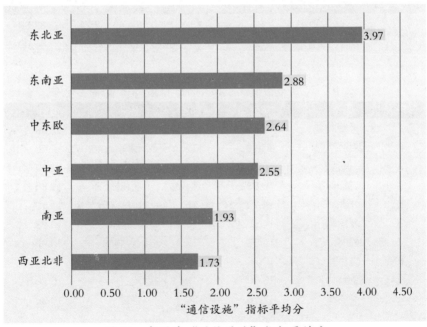

图 11　各区域"通信设施"指标平均分

（三）我国与沿线国家贸易畅通水平不断提高，与沿线国家投资合作进一步深化

"贸易畅通度"指标包含贸易合作、投资合作 2 个二级指标（见表 9），总体平均分为 8.23（满分为 20.00），28 个国家得分高于平均分，俄罗斯、印度尼西亚、马来西亚、泰国、印度分列前五（见表 10），与 2016 年相比，俄罗斯从第五名跃居第一。从区域看，我国与东北亚地区的贸易畅通水平较高，平均分为 13.18，在贸易合作、投资合作方面均取得良好进展，其次为东南亚地区（见图 12）。

表 9 "贸易畅通度"二级指标得分情况

一级指标	二级指标	权重	最高得分	最低得分	平均分	得分率 /%
贸易畅通度	贸易合作	8	6.13	0.08	2.71	33.88
	投资合作	12	12.00	0.00	5.52	46.00

表 10 "贸易畅通度"指标得分排名前 20 的国家

排名	国家	得分	排名	国家	得分
1	俄罗斯	17.46	11	哈萨克斯坦	12.60
2	印度尼西亚	17.18	12	越南	12.60
3	马来西亚	16.30	13	伊朗	12.14
4	泰国	15.83	14	阿联酋	11.85
5	印度	14.70	15	缅甸	11.19
6	新加坡	14.55	16	匈牙利	10.93
7	沙特阿拉伯	14.08	17	以色列	10.90
8	土耳其	13.76	18	孟加拉国	10.84
9	巴基斯坦	13.10	19	波兰	10.79
10	柬埔寨	12.75	20	老挝	10.28

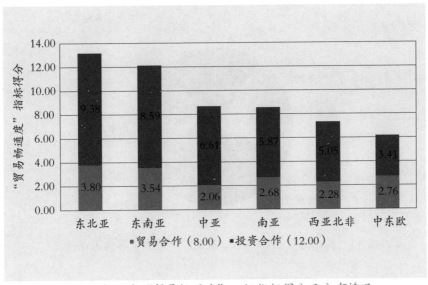

图 12 各区域"贸易畅通度"二级指标得分及分布情况

1. 我国与沿线国家贸易往来更加密切，与 28 个国家贸易额保持增长态势

"一带一路"沿线国家在我国对外贸易中的地位越来越重要，在全球贸易整体低迷的形势下，2016 年我国与沿线国家贸易额占我国贸易总额比例由 25.4% 上升至 25.7%；我国与"一带一路"沿线国家的贸易额中，东南亚国家贸易额占比高达 47.76%（见图 13），其中，越南、马来西亚、泰国贸易额最高，超 100 亿美元贸易额的沿线国家数量达 22 个。2016 年，我国与 28 个沿线国家贸易额保持增长态势（见图 14），较去年增加 9 个，主要集中在中东欧地区，我国与沿线国家的贸易往来更加密切。

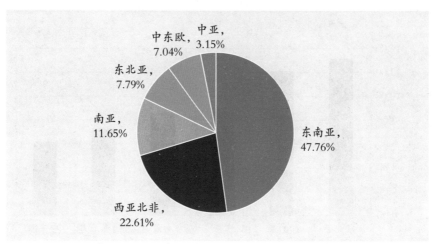

图 13 我国与"一带一路"沿线不同区域贸易额占比情况

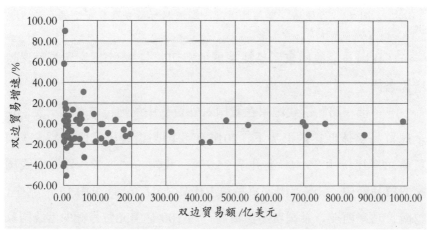

图 14 我国与"一带一路"沿线国家双边贸易额与贸易增速对比情况

2. 我国与沿线国家的双向投资合作不断拓展

"投资合作"指标的平均分为 5.52（满分为 12.00），印度尼西亚、俄罗斯、马来西亚、柬埔寨、哈萨克斯坦分列前五。从区域比较看，区域间差距较大，东北亚平均分 9.38，而中东欧仅有 3.41；从具体区域看东北亚、东南亚地区平均分持续保持最高且区域内国家间差距最小（见图15），我国与这两个地区的投资合作相对稳定。从具体指标看，近年来，我国与"一带一路"沿线国家的双向投资合作进展顺利。据商务部统计，2016年，我国企业对"一带一路"沿线53个国家的非金融类直接投资达145.3亿美元，占同期总额的8.5%；我国对外承包工程业务完成营业额10 589.2亿元人民币（折合1594.2亿美元，同比增长3.5%），新签合同额16 207.9亿元人民币（折合2440.1亿美元，同比增长16.2%）。同时，我国也在不断优化投资环境，吸引沿线国家企业来华投资，2016年，"一带一路"沿线国家对华投资新设立企业2905家，同比增长34.1%，实际投入外资金额71亿美元。

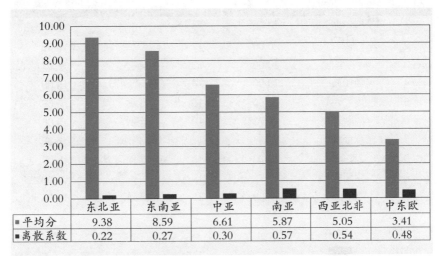

	东北亚	东南亚	中亚	南亚	西亚北非	中东欧
■平均分	9.38	8.59	6.61	5.87	5.05	3.41
■离散系数	0.22	0.27	0.30	0.57	0.54	0.48

图15　"投资合作"指标平均分与离散系数情况

（四）资金融通水平有所提升，区域及国家间差距仍然显著

"资金融通度"指标包含金融合作、金融支撑环境2个二级指标（见表11），总体平均分为9.54（满分为20.00），较2016年有所提升，俄罗斯、泰国、马来西亚、新加坡、印度尼西亚分列前五（见表12）。从区域看，我国与东北亚、东南亚国家金融合作最为密切，金融支撑环境相对较好；与中东欧国家的金融合作有待加强，金融环

境亟待完善（见图 16）。区域及国家间"资金融通度"差距显著，东北亚地区平均分为 18.50，而中东欧地区为 4.64，且中东欧地区国家间"资金融通度"差距也很显著。

表 11 "资金融通度"二级指标得分情况

一级指标	二级指标	权重	最高得分	最低得分	平均分	得分率 /%
资金融通度	金融合作	10	10.00	0.00	6.03	60.30
	金融支撑环境	10	10.00	0.00	3.51	35.10

表 12 "资金融通度"指标得分排名前 20 的国家

排名	国家	得分	排名	国家	得分
1	俄罗斯	20.00	11	蒙古国	17.00
2	泰国	20.00	12	匈牙利	16.68
3	马来西亚	20.00	13	波兰	16.37
4	新加坡	20.00	14	哈萨克斯坦	15.68
5	印度尼西亚	20.00	15	印度	15.68
6	阿联酋	19.73	16	老挝	15.68
7	土耳其	18.37	17	卡塔尔	15.68
8	越南	18.00	18	吉尔吉斯斯坦	15.00
9	柬埔寨	17.73	19	菲律宾	15.00
10	巴基斯坦	17.68	20	科威特	13.68

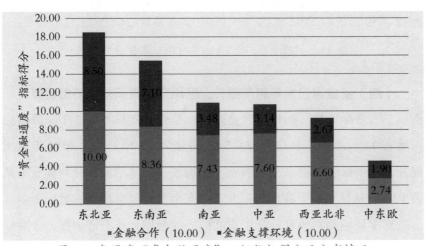

图 16 各区域"资金融通度"二级指标得分及分布情况

1. 我国与沿线国家的金融合作正在逐步深化

"金融合作"指标平均分为 6.03（满分为 10.00），俄罗斯、蒙古国、泰国、马来西亚等 16 个国家与我国金融合作进展良好，主要分布在东北亚、东南亚、中亚地区。截至 2017 年 5 月 13 日，共有 40 个沿线国家成为亚投行成员，21 个国家与我国签署双边本币互换协议，中国银联已覆盖沿线 41 个国家（见图 17），人民币在沿线国家的使用范围进一步扩大。

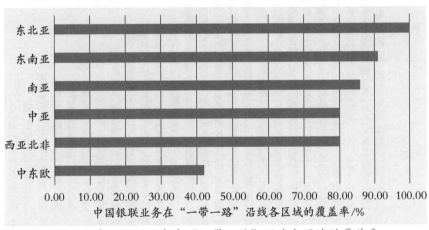

中国银联业务在"一带一路"沿线各区域的覆盖率/%

图 17　中国银联业务在"一带一路"沿线各区域的覆盖率

2. 人民币国际化正在稳步推进，金融支撑范围仍需进一步拓展

"金融支撑环境"指标的平均分为 3.51（满分为 10.00），得分率偏低，且国家间差距显著。俄罗斯及泰国、马来西亚、新加坡、印度尼西亚、越南等东南亚国家金融支撑环境相对最好（见图 18），另有 35.94%（23 个）的国家人民币跨境支付系统、我国银行或保险业务等均未涉及，多为中东欧、西亚北非地区国家。

近年来，我国银行积极布局海外，已在近一半沿线国家设立分支机构，其中以新加坡、泰国、印度尼西亚的数量最多；同时为满足人民币跨境使用的需求，提高人民币跨境支付结算效率，人民银行正在组建人民币跨境支付系统，一期已经成功上线，目前该系统在沿线国家的覆盖率已超 50.00%；在金融监管方面，银监会已与 29 个沿线国家的金融监管当局签署了双边监管谅解备忘录（MOU）或协议，不断强化在沿线国家和地区的金融服务。

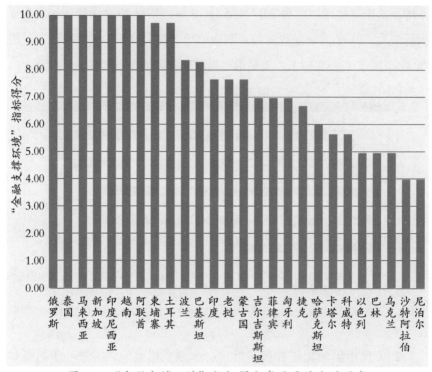

图 18　"金融支撑环境"指标得分高于平均分的国家

（五）我国与中亚地区国家的民心相通水平提升明显，东北亚、东南亚地区国家合作期待度最高

"民心相通度"指标包含旅游与文化、人才交流、双边合作期待 3 个二级指标（见表 13），总体平均分为 10.57（满分为 20.00），有 34 个国家得分高于平均分，泰国、俄罗斯、埃及、乌克兰、柬埔寨分列前五。从区域看，与 2016 年相比，中亚地区"民心相通度"指标得分超过东南亚，成为继东北亚之后得分最高的地区。从二级指标看，东南亚地区"旅游与文化"指标平均得分最高；东北亚地区"人

才交流"指标平均得分最高；我国与东北亚、东南亚双边合作期待度最高，平均得分分别为 6.72、6.45（见图 19）。

表 13 "民心相通度"二级指标得分情况

一级指标	二级指标	权重	最高得分	最低得分	平均分	得分率/%
民心相通度	旅游与文化	6	5.75	0.50	2.88	48.00
	人才交流	6	6.00	0.00	1.86	31.00
	双边合作期待	8	7.75	3.90	5.83	72.88

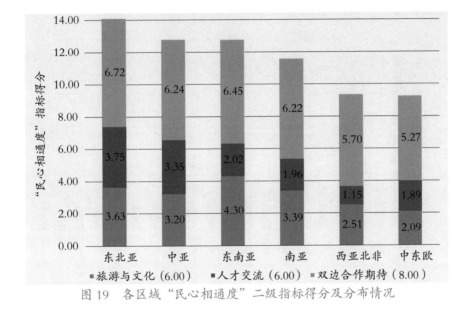

图 19 各区域"民心相通度"二级指标得分及分布情况

1. 我国与俄罗斯、哈萨克斯坦的双边文化交流最为活跃

"旅游与文化"指标平均得分为 2.88（满分为 6.00），34 个国家得分高于平均水平，主要集中在东南亚、南亚以及西亚北非地区，其中，泰国、越南、埃及、柬埔寨、老挝分列前五。据统计，我国分别与沿线 53 个国家建立 700 多对不同级别的友好城市关系（见图 20），较 2016 年增加 66 对，双边友好交流进一步深化。在文化交流

方面，我国与沿线国家积极举办论坛、博览会、旅游节等丰富多彩的交流活动，其中，俄罗斯、哈萨克斯坦与我国的交流活跃度最高；我国与沿线国家的旅游交往也日益密切，据国家旅游局测算，"一带一路"倡议提出以来我国与"一带一路"沿线国家和地区双向旅游交流规模超过 2500 万人次；2016 年我国与 23 个沿线国家实现了公民免签或落地签，与去年测评相比，新增塞尔维亚、亚美尼亚等国，我国在沿线国家的免签或落地签国家范围正在逐步向西亚北非、中东欧等地区扩大。

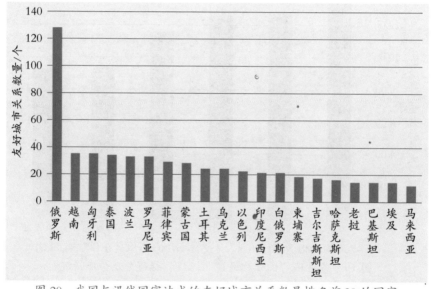

图 20　我国与沿线国家达成的友好城市关系数量排名前 20 的国家

2. 各区域人才交流差距明显，双边留学生交流规模增长迅速

"人才交流"指标的平均分为 1.86（满分为 6.00），得分率相对较低，仅有 23 个国家的指标得分高于平均分，泰国、俄罗斯、吉尔吉斯斯坦分列前三（见图 21）。我国与沿线国家的人才交流区域间差异较大，东北亚地区"人才交流"指标平均分达 3.75，而西亚北非地区仅为 1.15。

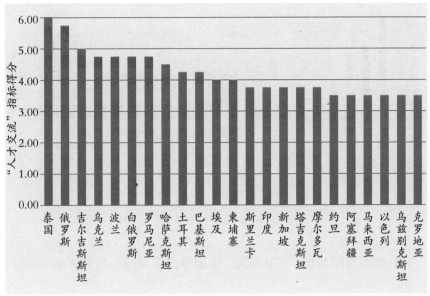

图21 "人文交流"指标得分高于平均分的国家

"一带一路"提出以来，我国与沿线国家在人才培养、留学生交流等方面取得良好进展，教育部统计数据显示，2016年沿线国家来华留学生共20.77万人，同比增长13.6%，与此同时，2012年以来，我国共有35.19万人赴沿线国家留学；另外，据不完全统计，由西安交通大学发起的丝绸之路大学联盟成立两年来，已有来自35个国家和地区的135所高校参与联盟，我国与沿线高校和学术机构在教育领域的合作与交流不断深化。在孔子学院等海外拓展方面，截至2016年年底，我国在沿线国家共开设134所孔子学院和130家孔子课堂，其中，俄罗斯、泰国开设的孔子学院最多，而吉尔吉斯斯坦、泰国开设的孔子课堂最多（见图22）。不过也应看到，孔子学院、孔子课堂等在沿线国家的汉语言人才培养机构规模相对较小，所分布沿线国家数量分别仅占全球总量的26.22%、12.12%。

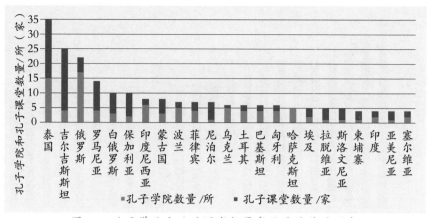

图 22 孔子学院和孔子课堂数量高于平均值的国家

3.我国与新加坡、巴基斯坦、泰国等国家双边合作期待呈"双高"特征

"双边合作期待"指标的平均分为 5.83（满分为 8.00），较 2016 年（5.08）提升 0.75 分，双边媒体和网民均普遍希望在"一带一路"框架下推进双方务实合作，实现共同发展。互联网大数据分析结果显示，我国与东北亚、东南亚、中亚地区国家双边合作期待度较高。具体从国家看，我国与新加坡、巴基斯坦、泰国等国家双边合作期待呈"双高"特征（见图 23）；亚美尼亚、沙特阿拉伯、斯洛伐克、匈牙利等西亚北非和中东欧国家对我国"一带一路"关注度和积极评价较高，而我国对其关注度相对较低，未来对这些国家的关注需进一步加强。

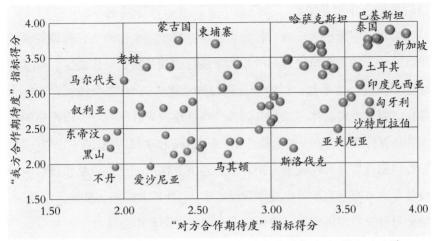

图 23 "我方合作期待度"与"对方合作期待度"指标得分对比情况

四、发展建议

"一带一路"提出后得到国际社会积极响应和广泛支持,进展顺利,取得丰硕成果。但"一带一路"建设是一项长期性工程,当前还存在着与部分重点沿线国家设施联通不足、投资合作潜力仍需深挖、国家间资金融通发展不平衡、与沿线国家人文交流有待深化、部分国家对"一带一路"认知度不足等问题,针对这些问题,建议重点推进以下四方面工作来进一步推动"一带一路"建设的全面、均衡发展:

第一,进一步加强与沿线国家交通、能源、通信等基础设施建设,不断提升设施联通水平。一是与周边陆上邻国就跨境铁路建设、技术标准对接等加强对话交流,进行相应探讨和规划,共同开拓基础设施发展空间。二是进一步落实《中欧班列建设发展规划(2016—2020年)》,加快相关配套政策出台和设施建设,提升与沿线特别是中东欧、西亚北非等国家的交通联通水平。三是大力推动与沿线国家信息通信基础设施互联互通,加强跨境光缆和信息通道建设;拓展国际信息化交流合作渠道,鼓励国内城市、网信企业对外合作交流,着重建设信息化合作服务平台、大数据中心以及云计算基地等。

第二，不断扩大产能与投资合作，挖掘投资合作潜力，推动各领域项目落地。一是积极完善与沿线国家签订的相关投资合作协定，继续搭建更多投资合作平台，以中国在沿线国家建立的 50 多个经贸合作区为依托，深化投资合作。二是共同推广高标准投资合作规章，以严格的技术和环保标准，推动我国优势产业"走出去"和项目落地，在"一带一路"沿线国家开展多元化投资，培育双边经济合作新亮点。三是积极响应沿线各个区域国家对基础设施等建设需求，不断扩大产能与投资合作范围，优化对外投资市场布局，挖掘与沿线国家投资合作的潜力。

第三，继续深化与沿线各国的金融合作，完善金融支撑环境，促进资金融通的平衡发展。一是完善跨境支付系统覆盖范围，提高人民币使用范围，方便国家间人民币结算业务，不断提升人民币国际化水平。二是鼓励国内银行等金融机构根据当地发展状况扩展相应金融业务，在不同沿线国家建立分支机构，银监会等管理部门也应继续与更多沿线国家开展双边监管互认，提升跨境银行的监管水平。三是继续大力提倡开发性金融和保险业服务，降低"走出去"企业的融资成本，营造良好的金融支撑环境。

第四，与沿线国家在教育、文化、民间交往等各领域广泛开展合作，夯实民意基础，筑牢社会根基。一是以建立友好城市为契机和抓手，鼓励国内城市与沿线国家具体城市的互动交流，推动地方层面沟通与交流。二是开展签证便利化磋商，共同实施签证便利化措施，进一步便利相互人员往来；通过举办博览会、推介会等增进与沿线国家的相互了解和交流。三是积极推动高水平中外合作办学项目，打造"一带一路"学术交流平台，吸引各国专家学者、青年学生开展研究和学术交流，促进优质教育资源共享。

"一带一路"省市参与度评价报告

为评估各地参与"一带一路"建设的进展与成效，国家信息中心"一带一路"大数据中心研发了"一带一路"省市参与度指数，并对国内31个省/自治区/直辖市（以下简称省区市）进行测评。测评结果显示，华东地区参与度水平遥遥领先，广东、福建、上海、浙江、山东位列前五，与2016年相比，福建排名提升较快，广西、新疆首次进入前十；各省区市"政策环境"表现最好，"设施配套"和"人文交流"得分差距明显。从各测评维度看，各地政策环境进一步优化，陕西、广西等地政策支持力度显著加强；设施配套建设稳步推进，自贸试验区新格局初步形成，综合效益开始显现；对外经贸合作水平稳步提升，各地积极参与沿线重大项目合作，合作潜力进一步释放；人文交流不断深化，交流形式丰富多样；各地"一带一路"建设综合影响力正在显现。

近四年来，"一带一路"倡议逐渐从理念转化为行动，从愿景转变为现实，建设成果丰硕。各地充分发挥自身的区位优势和比较优势，纷纷做好战略对接，积极参与"一带一路"建设。在政策协调、基础设施、经贸合作、人文交流等方面都取得了显著成效。为评估各省区市参与"一带一路"建设的进展与成效，鼓励和引导各地提高对外开放水平、增强国际竞争能力，国家信息中心"一带一路"大数据中心研发了"一带一路"省市参与度指数，并对国内31个省区市进行测评。

一、指数介绍

本次测评按照"基础—行动—效果"三个层次构建评价模型，基于政策环境、设施配套、经贸合作、人文交流、综合影响五个维度，构建了包括 5 个一级指标、14 个二级指标、20 个三级指标在内的"一带一路"省市参与度指标体系。在延续 2016 年"一带一路"省市参与度指数基本框架的基础上，2017 年对规划计划、涉外园区建设、航空、铁路、公路、旅游热度等具体指标做了微调，并对部分指标测算方法进行了优化。本次测评对象为国内 31 个省区市，测评方法详见《"一带一路"大数据报告（2016）》[①]。指标体系见表 1。

表 1　"一带一路"省市参与度指标体系

一级指标	二级指标	三级指标
政策环境（20）	管理体制（2）	—
	政策文件（14）	规划计划（4）
		政策对接（6）
		合作协议（4）
	资金保障（4）	—
设施配套（20）	涉外园区建设（6）	—
	交通基础设施（14）	航空联通度（4）
		铁路联通度（4）
		港口联通度（3）
		公路联通度（3）

---

① 国家信息中心"一带一路"大数据中心《"一带一路"大数据报告（2016）》，商务印书馆，2016 年，第 18—20 页。

（续表）

一级指标	二级指标	三级指标
经贸合作（32）	贸易合作（12）	对外贸易依存度（4）
		对外贸易增速（4）
		净出口增长对GDP增长贡献率（4）
	投资合作（12）	人均实际利用外资额（3）
		实际利用外资额增速（3）
		对外直接投资额（3）
		对外直接投资增速（3）
	重大合作项目（8）	在建项目（6）
		拟建项目（2）
人文交流（16）	友好城市（4）	—
	旅游热度（4）	—
	教育合作（4）	—
	交流活跃度（4）	—
综合影响（12）	国内影响力（6）	国内关注度（3）
		国内满意度（3）
	国外影响力（6）	国外关注度（3）
		国外满意度（3）

二、总体评价结论

（一）广东、福建、上海、浙江、山东位列前五，华东地区参与度水平遥遥领先，福建排名提升较快，广西、新疆首次进入前十

测评结果显示，"一带一路"省市参与度指数平均得分为59.92，较2016年（59.60）有所提升，且省区市间差距缩小，最大相对差距指数[①]由0.69缩小至0.63。广东、福建、上海、浙江、山东分列"一带一路"省市参与度前五（见表2）。福建从2016年的第

[①] 相对差距指数=1-（最低水平/最高水平），用来表示最低水平与最高水平的相对差距程度，指数介于0—1之间，数值越大，表明差距越大。

五名提升至 2017 年的第二名，提升幅度明显。广西、新疆首次进入前十。

表 2 "一带一路"省市参与度得分排名前十的省/自治区/直辖市

排名	省/自治区/直辖市	排名	省/自治区/直辖市
1	广东	6	江苏
2	福建	7	广西
3	上海	8	天津
4	浙江	9	新疆
5	山东	10	北京

从区域（根据传统的区域划分方法，本报告把参评的 31 个省区市划分为东北、华北、华东、华南、中部、西南、西北 7 个区域。其中，东北地区包括辽宁、吉林、黑龙江 3 个省；华北地区包括北京、天津、河北、内蒙古 4 个省区市；华东地区包括上海、浙江、江苏、山东 4 个省市；华南地区包括广东、广西、福建、海南 4 个省区；中部地区包括河南、湖北、湖南、江西、安徽、山西 6 个省；西南地区包括重庆、四川、贵州、云南、西藏 5 个省区市；西北地区包括陕西、甘肃、青海、宁夏、新疆 5 个省区）看，华东地区领先，平均分为 75.61（见图 1），区域内参与度水平整体较高，极差仅为 6.37（见图 2），四省市均位列前十（见图 3）；其次是华南地区，平均分为 71.45，但区域内参与度水平差距明显，极差为 32.14；西北和西南地区参与度水平较低，区域内差距也较大。

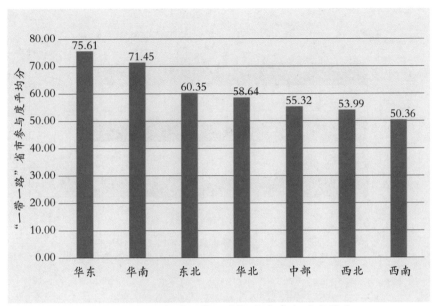

图1 七大区域"一带一路"省市参与度平均分

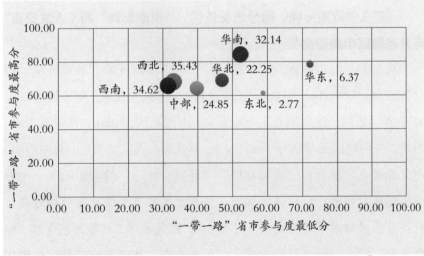

图2 七大区域"一带一路"省市参与度水平差距情况①

---

① 气泡大小代表极差，气泡越大，区域内省区市间得分的极差越大，省区市间参与度水平差距越大。

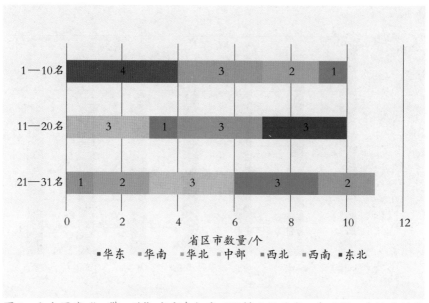

图3　七大区域"一带一路"省市参与度不同排名段的省／自治区／直辖市数量

（二）"政策环境"得分表现最优，"设施配套"和"人文交流"得分各省区市差距明显

从5个一级指标看，"一带一路"省市参与度的"政策环境"得分率最高（72.40%），其次是"综合影响""人文交流"等（见表3）。31个省区市间"设施配套"差异最大，离散系数为0.38，其中以华南、西北、西南地区最为明显（见图4）；其次是"人文交流"，其中西南、西北地区差异显著；"政策环境""经贸合作""综合影响"三个方面表现相对均衡。从具体区域看，华东地区在五个维度得分均较高，且各方面参与水平较为均衡（见图5）；西北地区"政策环境"和"综合影响"较高，但"设施配套""经贸合作"和"人文交流"表现相对较弱；东北地区和中部地区"综合影响"亟待进一步提升。

表3 "一带一路"省市参与度一级指标得分情况

一级指标	权重	最高得分	最低得分	平均分	得分率/%	离散系数
政策环境	20	20.00	6.93	14.48	72.40	0.25
设施配套	20	19.85	3.00	10.23	51.15	0.38
经贸合作	32	27.06	9.30	17.69	55.28	0.28
人文交流	16	16.00	1.97	9.28	58.00	0.37
综合影响	12	11.78	5.73	8.24	68.67	0.19

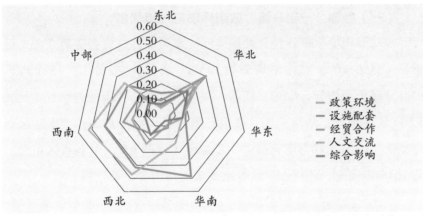

图4 七大区域"一带一路"省市参与度一级指标得分的离散系数

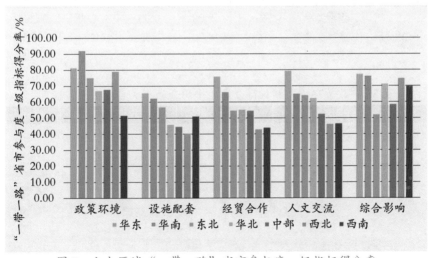

图5 七大区域"一带一路"省市参与度一级指标得分率

三、分项评价结论

我们进一步从政策环境、设施配套、经贸合作、人文交流、综合影响五个测评维度对 31 个省区市"一带一路"参与情况进行分析，结论如下：

（一）各地"一带一路"政策环境进一步优化

"政策环境"指标包含管理体制、政策文件、资金保障 3 个二级指标（见表 4），总体平均分为 14.48（满分为 20.00），15 个省区市得分高于平均分，广东、江苏、福建、陕西、甘肃位列前五（见表 5）。从区域看，华南地区"政策环境"平均得分最高；西南地区得分最低，政策支持力度有待进一步加强（见图 6）。从各省区市看，与 2016 年相比，陕西、广西等地政策支持力度显著加强。

表 4 "政策环境"二级指标得分情况

一级指标	二级指标	权重	最高得分	最低得分	平均分	得分率 /%
政策环境	管理体制	2	2.00	0.00	1.93	96.50
	政策文件	14	14.00	5.53	10.74	76.71
	资金保障	4	4.00	0.00	1.81	45.25

表 5 "政策环境"指标得分高于平均分的省 / 自治区 / 直辖市

排名	省 / 自治区 / 直辖市	得分	排名	省 / 自治区 / 直辖市	得分
1	广东	20.00	9	江西	17.42
2	江苏	20.00	10	山东	17.14
3	福建	19.50	11	湖南	15.58
4	陕西	19.50	12	海南	15.50
5	甘肃	18.50	13	吉林	15.50
6	广西	18.50	14	辽宁	15.50
7	新疆	18.00	15	内蒙古	15.50
8	天津	17.50	—	—	—

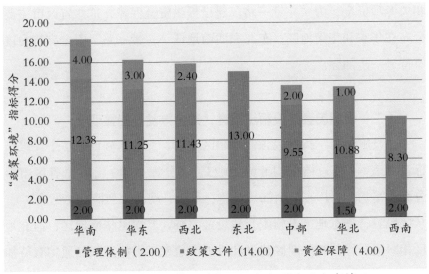

图 6　七大区域"政策环境"二级指标得分及分布情况

　　具体表现为：一是各省区市"一带一路"管理机构基本健全，30个省区市已经建立了"一带一路"建设工作领导小组及其办事机构（办公室）。二是"一带一路"政策文件陆续出台，31个省区市积极响应"一带一路"建设号召，均出台了"一带一路"战略对接方案。新疆、甘肃、宁夏、黑龙江、陕西等在其2017年政府工作报告中着重介绍了"一带一路"建设进展及未来工作重点。67.74%的省区市同国家发展改革委签署了《推进国际产能和装备制造合作协议》，建立推进国际产能和装备制造合作委省协同机制，并对海外产能合作的重点领域和重点国家做出了规划。77.42%的省区市结合自身发展出台了本地推进"一带一路"建设的相关政策，涵盖自由贸易区、产业园区、金融、文化、旅游、医疗、跨境电子商务、物流等多个领域，其中，广东、江苏、河北、新疆、湖南、黑龙江出台政策数量较多。80.65%的省区市与国外相关机构签署了"一带一路"多领域合作协议。三是"一带一路"资金保障力度逐步加强。近一半的省区市设立了"一带一路"

相关专项资金，为"一带一路"建设提供资金保障，这些省区市主要分布在华东和华南地区；东北和西南地区"一带一路"资金支持力度有待进一步加强。

（二）设施配套建设稳步推进，综合效益开始显现

"设施配套"指标包含涉外园区建设、交通基础设施 2 个二级指标（见表 6），总体平均分为 10.23（满分为 20.00），16 个省区市得分高于平均分，广东、浙江、福建、重庆、湖北分列前五（见表 7）。从区域看，华东地区设施配套建设最完善，其次是华南地区，西北地区相对最弱，其涉外园区建设和对外交通基础设施互联互通均有待加强（见图 7）。

表 6　"设施配套"二级指标得分情况

一级指标	二级指标	权重	最高得分	最低得分	平均分	得分率 /%
设施配套	涉外园区建设	6	6.00	0.00	3.50	58.33
	交通基础设施	14	13.85	1.56	6.73	48.07

表 7　"设施配套"指标得分高于平均分的省 / 自治区 / 直辖市

排名	省 / 自治区 / 直辖市	得分	排名。	省 / 自治区 / 直辖市	得分
1	广东	19.85	9	上海	12.81
2	浙江	17.00	10	天津	12.39
3	福建	16.17	11	新疆	11.84
4	重庆	13.98	12	山东	11.47
5	湖北	13.80	13	陕西	11.44
6	四川	13.50	14	江苏	11.19
7	辽宁	13.32	15	黑龙江	11.14
8	云南	13.00	16	河南	10.44

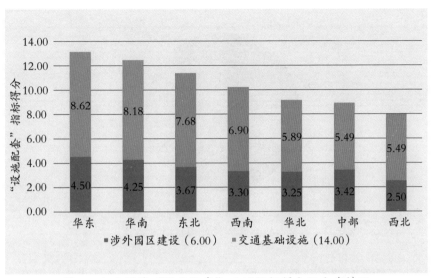

图7 七大区域"设施配套"二级指标得分及分布情况

1. 自贸试验区新格局初步形成，华东地区涉外园区数量最多

2017 年国务院批复辽宁、浙江、河南、湖北、重庆、四川、陕西 7 个自贸试验区，目前我国自贸试验区建设形成"1+3+7"的新格局，将更好地服务于"一带一路"建设，推进全方位对外开放。

93.55%（29 个）的省区市积极布局涉外园区，建立国家级边境经济合作区、保税区、出口加工区、保税物流园区等，不断深化与海外国家的经贸合作。从区域看，华东地区涉外园区数量最多，占比达39.02%（见图 8），其中，江苏省表现突出，国家级出口加工区和综合保税区数量最多。黑龙江、吉林、辽宁、内蒙古、云南、新疆、广西建立了国家级边境合作区，对外开放水平不断提高。

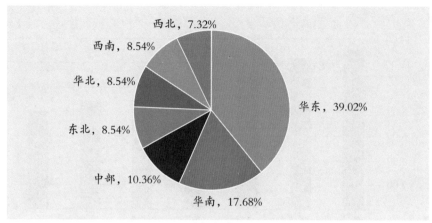

图 8 七大区域涉外园区数量占比

2. 铁路和航空联通水平相对较高，中欧班列服务能力大幅提升

"交通基础设施"指标的平均分为 6.73（满分为 14.00），广东、浙江、福建、云南、新疆分列前五。"铁路联通度"指标得分率最高（见图 9），达 73.39%，其次是"航空联通度"指标。在铁路方面，已开通的中欧班列途经三分之二的省区市，进一步扩大了与班列沿线国家的产能合作、贸易往来，铁路联通水平明显提高。据中国铁路总公司统计，截至 2017 年 6 月，中欧班列已累计开行超过 4000 列，其中 2016 年开行了 1702 列，2017 年上半年已经开行超过 2000 列；另有数据显示，2016 年，中欧班列回程达到去程班列的 50.00% 以上，全程物流成本较开行之初降低了 30.00% 以上，服务能力大幅提升。在航空方面，83.87% 的省区市开通了"一带一路"沿线国家航班，其中上海、北京、广东、四川、福建航班数最多，往来最为频繁。在港口方面，山东、浙江、江苏、广东、上海等地港口吞吐量最大（见图 10）。

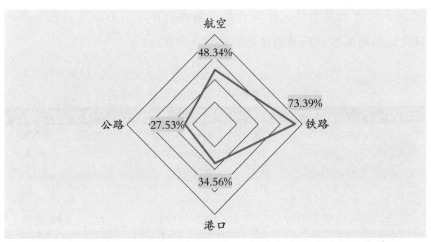

图9 各省/自治区/直辖市不同交通基础设施联通的得分率情况

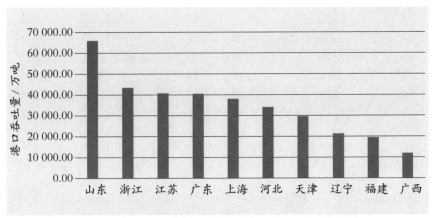

图10 港口吞吐量排名前十的省/自治区/直辖市

（三）对外经贸合作水平稳步提升，合作潜力进一步释放

"经贸合作"指标包含贸易合作、投资合作、重大合作项目3个二级指标（见表8），总体平均分为17.69（满分为32.00），较2016年（15.51）提高2.18分，经贸合作水平稳步提升；16个省区市得分高于平均分，北京、山东、浙江、上海、福建分列前五（见表9）。从区域看，华东地区对沿线国家经贸合作水平最高，平均得分为

24.26，且在贸易合作、投资合作、重大合作项目方面均表现突出；其次是华南地区；西北地区相对最弱（见图11）。

表8 "经贸合作"二级指标得分情况

一级指标	二级指标	权重	最高得分	最低得分	平均分	得分率/%
经贸合作	贸易合作	12	9.45	2.53	6.27	52.25
	投资合作	12	12.00	1.67	6.88	57.33
	重大合作项目	8	8.00	0.00	4.54	56.75

表9 "经贸合作"指标得分高于平均分的省/自治区/直辖市

排名	省/自治区/直辖市	得分	排名	省/自治区/直辖市	得分
1	北京	27.06	9	河南	21.43
2	山东	25.80	10	广西	21.21
3	浙江	25.21	11	云南	19.79
4	上海	24.38	12	安徽	19.47
5	福建	24.14	13	黑龙江	19.02
6	天津	22.16	14	湖北	18.30
7	江苏	21.66	15	吉林	18.01
8	广东	21.65	16	湖南	17.97

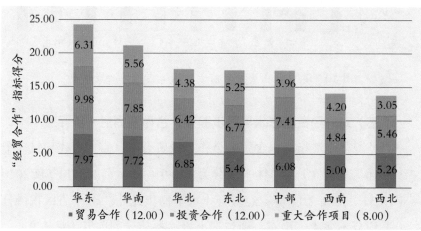

图11 七大区域"经贸合作"二级指标得分及分布情况

1. 超三分之一的省区市对沿线国家贸易增速高于全国水平，华东地区与沿线国家贸易合作最为紧密

各省区市与沿线国家贸易规模不断扩大，华东、华南、华北三区与沿线国家贸易额占比合计达 82.50%（见图 12），其中，华东地区占比最多（37.92%）。13 个省区市（41.94%）对沿线国家贸易增速高于全国水平，主要集中在华东、华南、中部地区，其中，山西、河南、宁夏增速最高。11 个省区市（35.48%）与沿线国家的出口贸易对本地经济增长拉动作用显著（见图 13），其中，北京、山西、海南、广东、山东的外贸贡献最大。

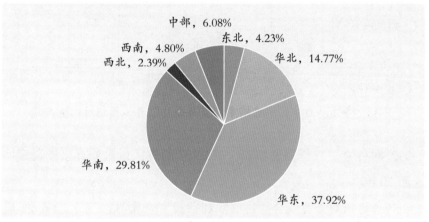

图 12　七大区域与"一带一路"沿线国家贸易额占比情况

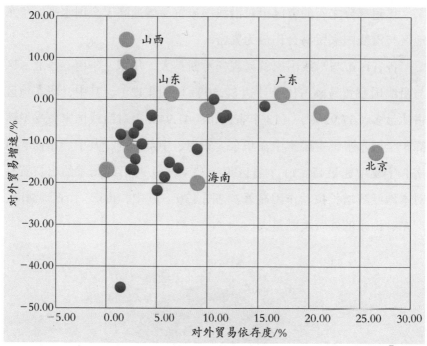

图 13 各省／自治区／直辖市"贸易合作"具体指标对比情况①

2. 对外直接投资高速增长，61.29% 的省区市对外直接投资额增速超 20.00%

各省区市对外投资合作进展顺利，"投资合作"指标平均分 6.88（满分为 12.00），上海、北京、安徽、福建、浙江分列前五。各地对外投资势头强劲，90.32% 的省区市对外非金融类直接投资存量高于 10 亿美元，其中广东、上海、北京对外投资额高于 300 亿美元（见图 14）。61.29% 的省区市对外直接投资额增速超 20.00%，其中，西藏、安徽、青海、上海、宁夏、福建、河南增速超 100.00%。64.52% 的省区市对外直接投资额增速高于实际利用外资额增速，对外投资力度

① 气泡颜色代表净出口增长对 GDP 增长贡献率，黄色代表拉动作用增强，蓝色代表拉动作用减弱。

大于吸引外资。值得一提的是，近几年宁夏对外直接投资和实际利用外资均保持高速增长。

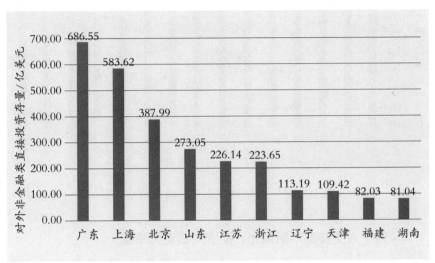

图 14　2015 年对外非金融类直接投资存量排名前十的省 / 自治区 / 直辖市

3.各地积极参与沿线重大项目合作，云南、山东、浙江、四川、广西表现突出

各省区市"重大合作项目"指标平均分为 4.54（满分为 8.00），云南、山东、浙江、四川、广西分列前五（见图 15）。各地参与沿线国家重大项目合作积极性高，不断深化与沿线国家合作，推进基础设施、能源、通信等多领域重大项目落地。2017—2019 年拟建项目金额占在建和拟建项目总金额的 55.21%，数量占 53.29%，云南、山东、广西等 11 个省区市拟建项目金额均超过 1000 亿元人民币。与 2016年相比，浙江、广西、黑龙江企业"走出去"承建海外项目显著增多。

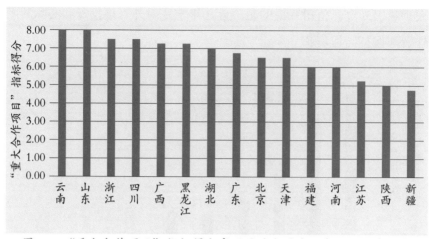

图 15 "重大合作项目"指标得分高于平均分的省 / 自治区 / 直辖市

（四）人文交流不断深化，交流形式更为丰富

"人文交流"指标包含友好城市、旅游热度、教育合作、交流活跃度 4 个二级指标（见表 10），总体平均分为 9.28（满分为 16.00），19 个省区市的得分高于平均分，上海、北京、广东、山东、河南分列前五（见表 11）。从 4 个二级指标看，"友好城市"得分率最高，且各地间差距最小，离散系数为 0.38（见图 16）；"交流活跃度"各地间差距最大，离散系数为 0.72。从区域看，华东地区与沿线国家人文交流各方面均表现较好，东北地区和中部地区交流活跃度较低，西北地区旅游热度和教育合作相对较弱（见图 17）。

表 10 "人文交流"二级指标得分情况

一级指标	二级指标	权重	最高得分	最低得分	平均分	得分率 /%
人文交流	友好城市	4	4.00	0.70	3.05	76.25
	旅游热度	4	4.00	0.02	2.32	58.00
	教育合作	4	4.00	0.00	2.51	62.75
	交流活跃度	4	4.00	0.49	1.40	35.00

表11　"人文交流"指标得分高于平均分的省/自治区/直辖市

排名	省/自治区/直辖市	得分	排名	省/自治区/直辖市	得分
1	上海	16.00	11	湖北	11.06
2	北京	15.73	12	新疆	10.83
3	广东	12.81	13	辽宁	10.73
4	山东	12.44	14	四川	10.57
5	河南	11.98	15	福建	10.47
6	广西	11.85	16	黑龙江	10.08
7	陕西	11.71	17	吉林	9.99
8	江苏	11.23	18	重庆	9.96
9	云南	11.17	19	湖南	9.32
10	浙江	11.15	—	—	—

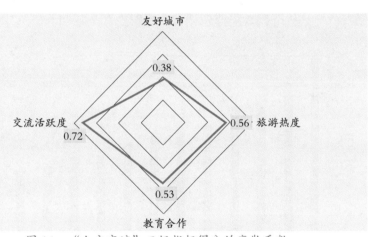

图16　"人文交流"二级指标得分的离散系数

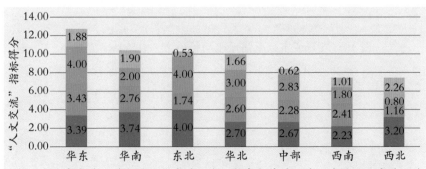

图17　七大区域"人文交流"二级指标得分及分布情况

1. 华南地区与沿线国家缔结友好城市关系成效显著，广西位居第一

截至 2017 年 5 月 17 日，我国各地与海外国家城市缔结友好城市关系共计 2451 个，较去年新增 136 个。与沿线国家城市缔结友好城市关系共计 700 多个，平均每个省区市缔结 23 个。其中，广西与沿线国家缔结 59 个友好城市，占总数的 8.35%，位居全国第一；其次是山东、广东、江苏、新疆（见图 18）。从区域看，华南地区与沿线国家缔结友好城市关系数量最多，总数达 144 个；相比之下，西南地区数量最少（见图 19）。区域内各省区市可借助自身资源优势，与具有共性和互补性的沿线节点城市建立长期、稳定和多层次、宽领域的友好合作关系，全面加强各领域的优势互补和交流合作。

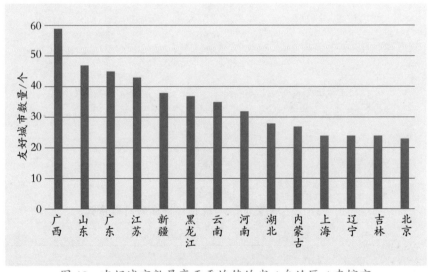

图 18 友好城市数量高于平均值的省／自治区／直辖市

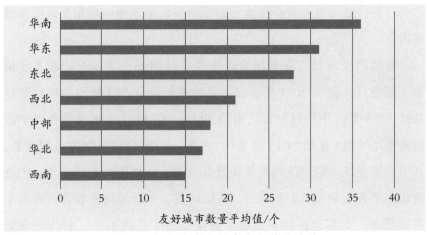

图 19 七大区域友好城市数量平均值

2. 特色旅游区域受国外游客青睐，浙江、云南、广西、陕西、山东效果最为明显

从入境外国游客数量排名前十的省区市看，广东、上海、北京依托国际机场枢纽功能，交通便利优势明显，吸引了国外游客的广泛关注；浙江、云南、广西、陕西、山东等地积极打造特色旅游文化品牌，近年来最受国外游客青睐。从区域看，华南地区入境外国游客数量最多；相比之下，东北和西北地区入境外国游客数量较少（见图20），需进一步挖掘文化旅游资源，扩大海外影响力。

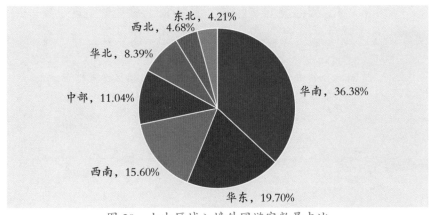

图 20 七大区域入境外国游客数量占比

3. 各区域海外教育合作水平差距明显，华东地区和东北地区表现突出

各地积极通过与海外国家合作办学共同促进学术交流和人才培养。据统计，截至 2017 年 5 月，各地中外合作办学机构和项目数量共计 1205 个，平均每个省区市约 39 个。有 11 个省区市合作办学数量高于平均值（见图 21），黑龙江、上海、江苏、北京、河南分列前五，其中，黑龙江不断引进国外优质教育资源，深化国际教育合作，中外合作办学数量最多（176 个）。从区域看，各区域海外教育合作水平差距显著，华东地区和东北地区表现突出（见图 22），合作办学数量较多；而西北地区明显较弱，个别省区市还未开展海外办学项目，与海外国家的教育合作与交流亟待加强。

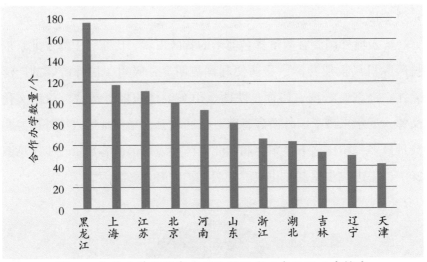

图 21　合作办学数量高于平均值的省 / 自治区 / 直辖市

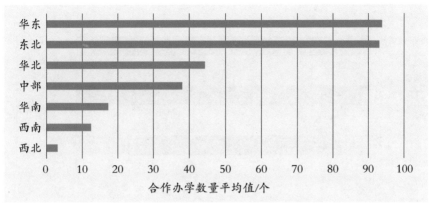

图22　七大区域合作办学数量平均值

4. "一带一路"互动交流北京遥遥领先，西北和华南地区总体较为活跃

"一带一路"倡议提出近四年来，各地积极发起或召开"一带一路"相关论坛、研讨会、博览会、文化年、艺术节等形式多样的交流活动，引起了广泛关注。互联网大数据分析显示，北京、上海、新疆、陕西、甘肃积极发挥独特的区位优势，举办各类会议和交流活动，受关注程度最高（见图23）。从区域看，西北地区和华南地区互动交流最活跃，"交流活跃度"排名前十的省区市中，有8个来自西北和华南地区；中部和东北地区在民间互动交流方面表现相对较弱（见图24）。

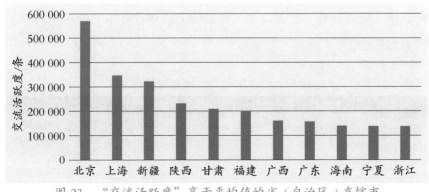

图23　"交流活跃度"高于平均值的省/自治区/直辖市

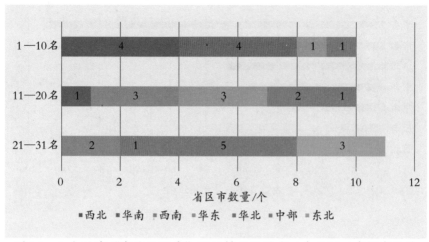

图24 七大区域"交流活跃度"不同排名段的省/自治区/直辖市数量

（五）各地"一带一路"建设综合影响力正在显现，北京、上海、新疆、广东、陕西分列前五

"一带一路"倡议提出后，各地立足自身独特优势、抓住对外开放新机遇，积极参与"一带一路"建设，国内外影响力不断提升。"综合影响"指标包含国内影响力、国外影响力2个二级指标（见表12），总体平均分为8.24（满分为12.00），15个省区市得分高于平均分，北京、上海、新疆、广东、陕西分列前五（见表13）。从区域看，华东、华南、西北地区综合影响力较为领先（见图25）；华南、西北地区国内影响力显著高于国外影响力；中部和东北地区国内外影响力均较弱。

表12 "综合影响"二级指标得分情况

一级指标	二级指标	权重	最高得分	最低得分	平均分	得分率/%
综合影响	国内影响力	6	5.98	3.19	4.55	75.83
	国外影响力	6	6.00	2.26	3.69	61.50

表 13　"综合影响"指标得分高于平均分的省/自治区/直辖市

排名	省/自治区/直辖市	得分	排名	省/自治区/直辖市	得分
1	北京	11.78	9	广西	8.93
2	上海	11.72	10	山东	8.89
3	新疆	11.42	11	福建	8.75
4	广东	10.08	12	四川	8.74
5	陕西	9.71	13	海南	8.72
6	重庆	9.61	14	天津	8.42
7	云南	9.03	15	浙江	8.41
8	甘肃	8.94	—	—	—

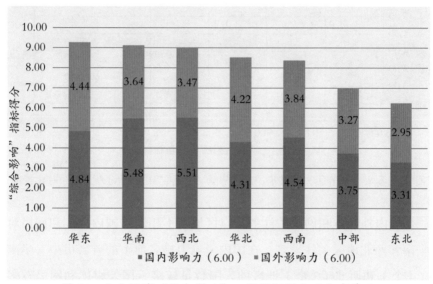

图 25　七大区域"综合影响"二级指标得分及分布情况

对比省区市国内影响力和国外影响力，北京、上海、新疆三地呈
"双高"特征（见图 26）。北京和上海依托地理、政治、经济优势
获得较多关注，新疆紧抓丝绸之路经济带核心区建设机遇，充分发挥
独特的区位优势和向西开放重要窗口作用，不断深化与沿线国家在经
贸、金融、能源、交通等领域的合作，人文交流更加密切，受到国内
外媒体和网民的广泛关注。甘肃、宁夏、福建等地的国内影响力显著

高于国外影响力，它们多位于西北和华南地区，处于"一带一路"重要枢纽位置。河北的国外影响力显著高于国内影响力。近年来，河北积极融入"一带一路"建设，推进国际产能合作，大力支持钢铁、水泥、玻璃、电力、纺织服装及装备制造等优势产业"走出去"，拓宽对外开放新空间，受到国外媒体和网民的高度关注。与2016年相比，新疆、山东、河北等地的国外影响力也得到显著提升。

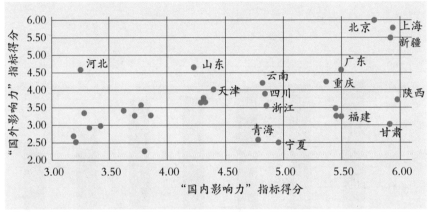

图26 各省/自治区/直辖市"国内影响力"和"国外影响力"得分对比情况

国内外媒体和网民关注的重点区域各不相同。国内媒体和网民对华南和西北地区关注较多，在国内影响力排名前十的省区市中，华南（4个）和西北（3个）地区的入围数量较多。国外媒体和网民较多关注华北地区和西南地区，在国外影响力排名前十的省区市中，华北（3个）和西南（3个）地区的入围数量较多（见图27）。

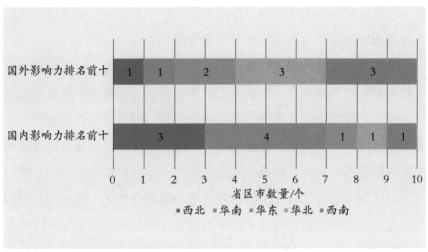

图 27　国内外影响力排名前十的各区域内省／自治区／直辖市数量

四、问题与建议

经测评发现，近一年来，各地结合自身优势扎实推进"一带一路"建设的积极性继续高涨，纷纷出台政策扶持"一带一路"建设，提升与沿线国家的互联互通水平，加强与沿线国家经贸合作、人文交流等，建设成果逐渐显现。但也存在区域参与水平不均衡、部分地方配套设施相对薄弱、旅游文化交流等特色优势挖掘不足等问题。为继续鼓励和引导各地深度参与"一带一路"建设，进一步提升开放水平，建议：

第一，加强政策统筹协同，充分发挥各区域比较优势，适时优化调整"一带一路"对接策略。继续发挥沿海省区市对沿线国家合作的传统优势，加快推进产业升级，引领新兴产业和现代服务业发展，建立全方位开放型经济体系，与21世纪海上丝绸之路沿线各国开展全方位、多领域的海上合作，推动建立互利共赢的蓝色伙伴关系；改善中部内陆地区的对外交通体系和现代物流体系，积极承接沿海产业转移，加快发展现代农业和先进制造业，打造内陆对外开放新高地；发挥沿边地区对沿线国家的窗口作用，加强口岸建设，开辟跨境多式联运交通走廊，深化与沿线国家的交流合作。

第二，继续完善配套设施，强化对外开放服务保障，提高"一带一路"合作便利化水平。形成与沿线国家政府、企业在政策规划、经贸合作、文化交流等方面的常态化沟通机制，畅通双边合作渠道；完善与周边国家的基础设施互联互通，支持中欧等国际集装箱运输和邮政班列的常态化运营，畅通亚欧贸易走廊；积极拓展各地与"一带一路"沿线国家的经贸合作空间，支持境外经贸合作区、涉外产业园区等建设，支持本地成熟行业对外贸易投资合作，推动双边合作优化升级；提供外商投资优惠政策，鼓励沿线国家来华投资，积极开展与"一带一路"沿线国家的双边投资谈判，促进双边投资增长。

第三，充分发挥各地人文特色优势，全面提升国内外影响力。深化与沿线国家友好省州、友好城市合作，开展城市交流合作；支持高校开展海外合作办学，吸引和鼓励沿线国家留学生和我国留学生双向交流学习，促进人才交流；通过举办国际文化节、博览会、文化年、电影节等，促进丰富多样的文化交流；挖掘各地特色文化资源，与沿线国家联合开发特色的旅游产品，促进旅游服务产业发展；鼓励智库、媒体等对外合作交流，加强政策咨询、传播宣传的深度合作，全面提升各地对外的吸引力和影响力。

一带一路

中篇　专项指数

"一带一路"国别贸易合作评价报告

测评结果显示，总体上，我国与周边区域贸易合作更加紧密，越南、泰国、菲律宾、马来西亚和俄罗斯位居前五，而与中东欧、西亚北非国家的合作潜力尚待挖掘。从各测评维度看，中国与东南亚国家贸易额遥遥领先；与东南亚、中亚和西亚北非国家贸易依存度较高；与沿线国家贸易均衡度还有待提高，与多个沿线国家贸易差额较大；沿线国家从中国进口产品多元化程度远高于向中国出口产品；中国与沿线国家贸易便利化水平不断提高，贸易增长潜力巨大。

"一带一路"倡议提出的四年，是贸易畅通不断提升的四年，中国与"一带一路"沿线国家建立起了紧密的经贸联系，取得丰硕成果。2014年至2016年，中国同"一带一路"沿线国家贸易总额超过3万亿美元，2016年达到9535.89亿美元，占中国对外贸易总额的25.70%，较2015年提升0.30个百分点。不过与中国整体对外贸易相比，占比仍然较小，而"一带一路"沿线人口众多、市场潜力较大，各国间经济优势互补性强。中国与"一带一路"沿线国家贸易发展空间和潜力巨大，因此我们要进一步加强贸易畅通，不断培育"一带一路"建设充满活力的市场。为量化分析中国与各沿线国家的贸易合作进展以及未来发展潜力，促进中国与沿线国家的贸易合作水平不断提升，我们构建了"一带一路"国别贸易合作指数，并对64个沿线国家进行了测评与分析。

一、指数介绍

（一）指标体系的设计思路

《愿景与行动》指出，贸易合作是"一带一路"建设的重点内容，宜着力研究解决投资贸易便利化问题，构建区域内和各国良好的营商环境，激发释放合作潜力，做大做好合作"蛋糕"；拓宽贸易领域，优化贸易结构，挖掘贸易新增长点，促进贸易平衡。《商务发展第十三个五年规划纲要》等文件也指出，应以推进"一带一路"建设统领对外开放，调整产业和贸易结构，巩固传统竞争优势、培育竞争新优势，推进贸易强国进程。在借鉴有关外贸理论及相关评价体系基础上，我们从贸易进展、贸易结构、合作潜力三个方面构建了"一带一路"国别贸易合作指数，以此考察我国与沿线国家的贸易合作水平。

（二）指标体系的构建

"一带一路"国别贸易合作指数的指标体系由贸易进展、贸易结构、合作潜力 3 个一级指标和 8 个二级指标组成。其中，贸易进展从我国与沿线国家贸易合作规模、双边贸易分别在双方对外贸易中的地位以及双边贸易对经济贡献度方面评估我国与沿线国家的贸易合作基础水平；贸易结构从贸易结合度、产品多元化和贸易均衡度三个方面评估沿线国家与我国贸易的紧密程度、结构的多元性和均衡性；合作潜力从贸易便利化和贸易增速两方面评估我国与沿线国家贸易合作的政策和平台等方面的支撑环境以及贸易合作的变化情况。3 个一级指标的权重分别按照 40、40、20 进行分配。具体指标内容、指标说明及权重分配见表 1。

表1　"一带一路"国别贸易合作评价指标体系

一级指标	二级指标	指标说明
贸易进展（40）	双边贸易额（15）	通过双边贸易额反映两国贸易发展基础情况。
	贸易地位（15）	双边贸易额分别占中国和该国外贸总额的比重。
	贸易贡献度（10）	双边贸易对该国以及对中国经济发展的贡献度大小。
贸易结构（40）	贸易结合度（15）	通过该国向中国出口比重占中国总进口比重反映两国在贸易方面的紧密程度。
	产品多元化（15）	通过该国与中国所有进出口产品所占份额反映该国与中国进出口产品的多元化水平。
	贸易均衡度（10）	双边贸易进出口差额比重。
合作潜力（20）	贸易便利化（10）	通过是否是WTO成员方，是否与中国签署各类贸易便利化协定，是否与中国建立各类经贸合作区等反映该国与中国的贸易便利化水平。
	贸易增速（10）	通过该国与中国双边贸易增速反映该国与中国未来贸易合作的趋势。

"一带一路"国别贸易合作评价以64个国家作为参评对象，具体国家名称及区域划分参考本书《"一带一路"国别合作度评价报告》以及《"一带一路"大数据报告（2016）》（商务印书馆，2016）。数据来源包括各国统计机构、大连瀚闻资讯有限公司等。

二、测评结论

（一）总体测评结论

1. 越南、泰国、菲律宾、马来西亚和俄罗斯位居前五

在"一带一路"国别贸易合作评价中，共有30个国家得分在平均分以上，占46.88%，中国与这些国家的贸易合作更为紧密，其中越南、泰国、菲律宾、马来西亚、俄罗斯在"一带一路"国别贸易合

作中得分较高，位列前五（见表2）。

表2 "一带一路"沿线国家贸易合作排名

排名	国家	排名	国家
1	越南	33	罗马尼亚
2	泰国	34	亚美尼亚
3	菲律宾	35	捷克
4	马来西亚	36	阿尔巴尼亚
5	俄罗斯	37	卡塔尔
6	印度尼西亚	38	斯洛伐克
7	新加坡	39	塔吉克斯坦
8	沙特阿拉伯	40	尼泊尔
9	伊朗	41	保加利亚
10	印度	42	马尔代夫
11	巴基斯坦	43	斯洛文尼亚
12	哈萨克斯坦	44	克罗地亚
13	缅甸	45	格鲁吉亚
14	蒙古国	46	黑山
15	阿曼	47	立陶宛
16	伊拉克	48	约旦
17	老挝	49	阿塞拜疆
18	以色列	50	摩尔多瓦
19	阿联酋	51	爱沙尼亚
20	乌兹别克斯坦	52	拉脱维亚
21	乌克兰	53	文莱
22	科威特	54	白俄罗斯
23	吉尔吉斯斯坦	55	东帝汶
24	孟加拉国	56	巴林
25	土库曼斯坦	57	叙利亚
26	波兰	58	马其顿
27	也门	59	波黑
28	斯里兰卡	60	塞尔维亚
29	柬埔寨	61	阿富汗
30	土耳其	62	黎巴嫩
31	匈牙利	63	巴勒斯坦
32	埃及	64	不丹

2.中国与周边区域贸易合作紧密，与中东欧、西亚北非国家的贸易合作潜力尚待挖掘

测评结果显示，我国与东北亚、中亚和东南亚等周边国家贸易合作更加紧密，这三个区域半数以上国家得分高于平均分（见图1）。目前，与中东欧国家的贸易合作仍然薄弱，19个国家中仅有乌克兰和波兰的得分在平均分以上；与西亚北非国家贸易合作也相对不足。

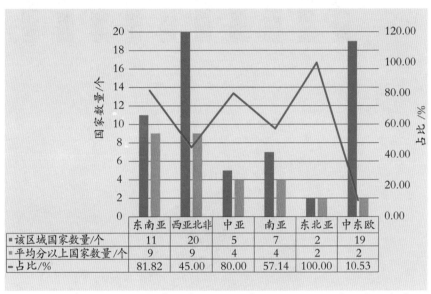

	东南亚	西亚北非	中亚	南亚	东北亚	中东欧
该区域国家数量/个	11	20	5	7	2	19
平均分以上国家数量/个	9	9	4	4	2	2
占比/%	81.82	45.00	80.00	57.14	100.00	10.53

图1 "一带一路"国别贸易合作指数得分高于平均分的国家区域分布情况

（二）分项测评结论

1.从贸易总量看，中国与东南亚国家双边贸易额遥遥领先

从具体国家看，越南、马来西亚、泰国、新加坡、印度等国家与中国的双边贸易额较高，2016年越南超过马来西亚成为中国在沿线范围内的最大贸易伙伴国（见图2）。从区域看，东南亚国家与中国的贸易额占中国与沿线国家贸易总额的近一半（47.76%），达4554.36亿美元，远高于其他地区（见图3）。

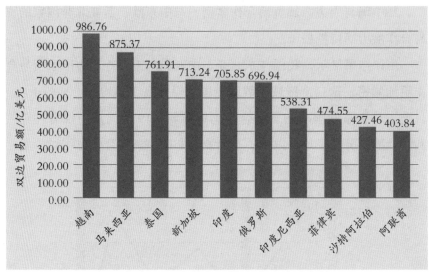

图2 与中国双边贸易额排名前十的国家情况

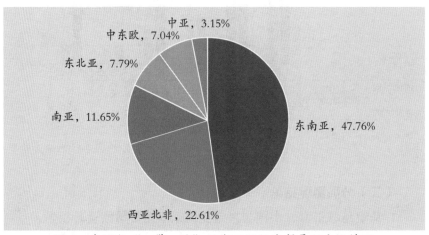

图3 我国与"一带一路"沿线不同区域贸易额占比情况

2. 从贸易依存看，中国与东南亚、中亚和西亚北非国家贸易依存度较高

贸易结合度是衡量两国贸易依存度的综合性指标，值大于1.00表明两国依存度高，在贸易上有密切的联系。测评结果显示，中国与

沿线国家的平均贸易结合度为 1.15，其中 19 个国家与中国的贸易结合度在 1.00 以上（见图 4），占比达 29.69%，中国与这些国家贸易依存度较高，其中土库曼斯坦和蒙古国两个国家表现突出，与我国的贸易结合度均在 8.00 以上，这两个国家 84.00% 以上的产品出口到了中国；从区域分布看，这些国家主要来自东南亚（7 个）、西亚北非（7 个）和中亚（3 个）地区。

但过半数国家（56.25%）与我国贸易结合度在 0.50 以下（见图 5），与中国的贸易依存度还较低，向中国出口比重在中国总进口中的比例较小，在产业转型升级、内需持续增长和消费需求升级的多重驱动下，中国巨大的国内市场也可以为"一带一路"沿线各国提供广阔的经贸合作机遇，未来与这些国家的经贸合作还可进一步加强。

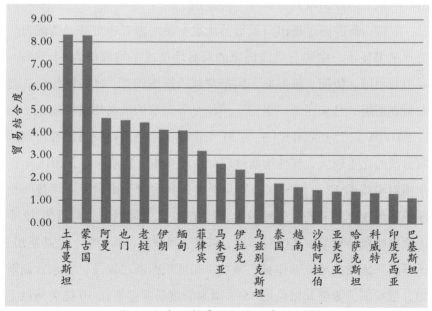

图 4　与中国贸易结合度较高的国家

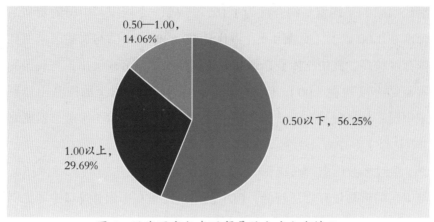

图 5 沿线国家与我国贸易结合度分布情况

3. 从贸易均衡看，中国与沿线国家贸易均衡度有待提高，与多个沿线国家贸易差额较大

贸易均衡度通过进出口差额的比重衡量两国双边贸易平衡能力。测评结果显示，中国与沿线国家的贸易均衡度平均值仅为 45.23%，其中与泰国、伊朗、俄罗斯、阿塞拜疆、斯洛伐克、沙特阿拉伯、乌兹别克斯坦、马来西亚、老挝、伊拉克等国家的贸易均衡度较高，均在 80.00% 以上（见图 6）；与 31 个沿线国家进出口贸易差额占双边贸易额的比重较大，贸易均衡度较低。从具体贸易差额看，2016 年，中国对沿线的 12 个国家保持贸易逆差，其中对马来西亚、阿曼、土库曼斯坦 3 个国家的逆差额较大，均在 50 亿美元以上；对沿线 52 个国家保持贸易顺差，其中对印度、越南、阿联酋、新加坡、巴基斯坦、土耳其、孟加拉国、菲律宾、波兰、印度尼西亚、埃及、吉尔吉斯斯坦、俄罗斯、捷克和以色列 15 个国家的贸易顺差额在 50 亿美元以上（见图 7）。

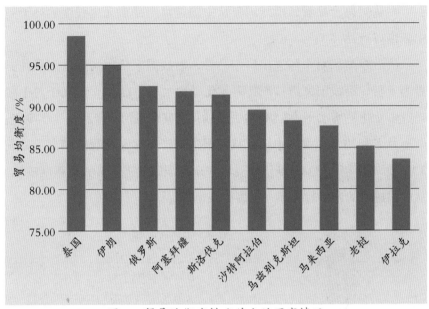

图 6 贸易均衡度排名前十的国家情况

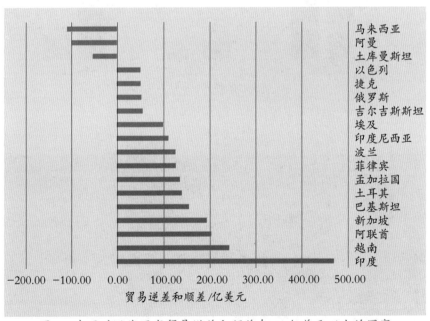

图 7 中国对沿线国家贸易逆差和顺差在 50 亿美元以上的国家

4.从贸易产品看，沿线国家从中国进口产品多元化程度远高于向中国出口产品

从沿线国家对中国进出口产品看，沿线国家从中国进口产品种类更为丰富，沿线国家进口产品多元化平均水平（11.64）远高于对中国出口多元化平均水平（3.88）（见图8）。其中也门、叙利亚、菲律宾、斯里兰卡和约旦等发展中国家从中国进口产品多元化程度较高（见表3）；而匈牙利、捷克、斯洛伐克等中东欧国家的进口多元化程度较低，从中国进口的产品较为单一，多为机电产品。

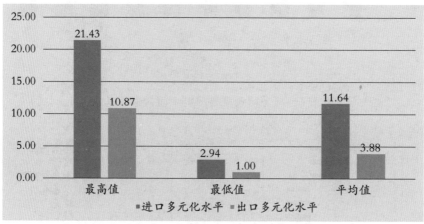

图8 沿线国家进口多元化水平和出口多元化水平比较

表3 进口多元化水平最高和最低国家情况

国家	进口多元化水平	国家	进口多元化水平
也门	21.43	亚美尼亚	6.60
叙利亚	19.55	爱沙尼亚	6.49
菲律宾	19.31	塞尔维亚	6.27
斯里兰卡	18.83	马其顿	6.25
约旦	17.25	白俄罗斯	5.99
以色列	17.10	不丹	5.23
克罗地亚	16.67	波黑	4.73
阿尔巴尼亚	16.59	斯洛伐克	3.77
沙特阿拉伯	16.39	捷克	3.24
黎巴嫩	15.67	匈牙利	2.94

5. 从发展潜力看，中国与沿线国家贸易便利化水平不断提高，贸易增长潜力巨大

我国与沿线国家总体上贸易便利化水平较高，为未来与沿线国家的贸易合作创造良好的环境和条件。测评结果显示，67.19%（43个）的国家"贸易便利化"指标得分在平均分以上，其中巴基斯坦、新加坡、格鲁吉亚、斯里兰卡、以色列等国家得分较高（见图9）。沿线79.69%（51个）的国家签署了WTO相关协定，成为世界贸易组织成员；中国与58个国家签署了不同类型的投资贸易协定；中国与俄罗斯、巴基斯坦、白俄罗斯、泰国、马来西亚等沿线国家建立了50多个境外合作区，例如中白工业园、泰国泰中罗勇工业园等，这些均为双边、多边贸易提供了基础便利条件。

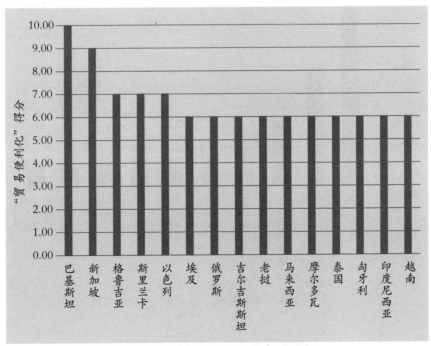

图9　贸易便利化水平较高的国家

　　从贸易增速看，2016 年中国与沿线的 28 个国家保持贸易正增长，其中与马尔代夫、东帝汶、吉尔吉斯斯坦、亚美尼亚、阿富汗、阿塞拜疆、阿尔巴尼亚、斯洛文尼亚、匈牙利、罗马尼亚等国家贸易额总量虽小，但贸易增速较快，均在 10.00% 以上（见图 10）。值得一提的是，2015 年以来，中国积极开展与马尔代夫的自由贸易区谈判，双边贸易发展迅速，贸易额由 2015 年的 1.73 亿美元增加到 2016 年的 3.30 亿美元，增速达到 90.77%。中国在沿线的十大贸易伙伴中，菲律宾、越南、俄罗斯、泰国保持快速增长态势（见图 11），未来发展潜力仍然较大。

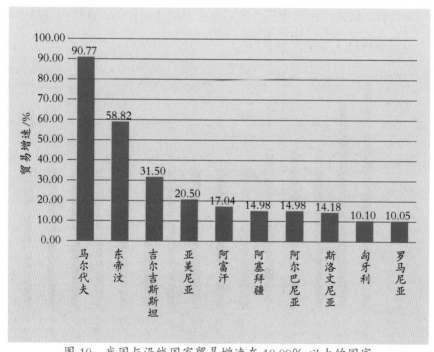

图 10　我国与沿线国家贸易增速在 10.00% 以上的国家

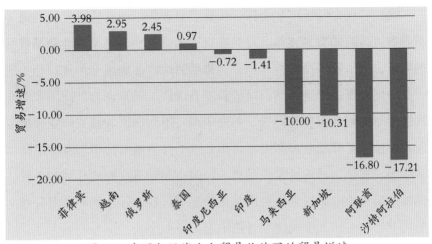

图11 我国与沿线十大贸易伙伴国的贸易增速

三、建议

"一带一路"倡议提出近四年来，中国与沿线国家的贸易合作不断推进，稳中向好，但总体上看，中国与沿线国家的合作还有待加强，还存在区域发展不平衡、贸易结构不均衡、贸易合作潜力尚待挖掘等问题，贸易合作水平仍有较大提升空间。为进一步推动中国与"一带一路"沿线国家贸易发展，全方位构建与沿线国家的贸易合作新格局，更好地实现贸易畅通，建议着力加强如下三方面工作：

第一，加强贸易互联互通基础设施建设，推动与各个区域国家贸易的共同发展。一是不断推进中欧班列建设和常态化运营，优化运行便利化条件，提升运行效率和效益，进一步密切中国与中东欧国家的贸易联系，推动中国—中东欧贸易发展。二是继续完善与周边国家的交通基础设施建设，改善边境口岸通关设施条件，加快边境口岸"单一窗口"建设，建立统一物流信息平台，提升通关能力，继续保持与周边国家贸易的顺利发展。

第二，深入开展产业合作，优化贸易合作结构，建立更加均衡、平等和可持续的贸易体系。一是在巩固传统劳动密集型工业商品贸易的同时，大力发展高新技术产品，推动高端产品领域全产业链和关联产业协同发展，促进我国产品的转型升级。二是推动与沿线国家产业发展规划的相互兼容和促进，加强中国与沿线国家在新兴产业领域的深入合作，培育新业态和新贸易增长点，并不断开拓中东欧等沿线国家市场。三是为沿线国家产品进入中国市场创造良好的环境和条件，例如推出各种沿线国家特色产品体验展等，在中国产业和消费升级的条件下，欢迎广大沿线国家开拓中国市场。

第三，积极构建"一带一路"自贸区网络，落实相关贸易便利化协定，继续优化贸易投资便利化环境。一是倡导更具包容性的自由贸易，与"一带一路"沿线国家和地区积极开展贸易协定谈判。二是不断落实与沿线国家签署的各项推动贸易便利化的合作文件，推动工作制度对接、技术标准协调、检验结果互认、电子证书联网。三是加强与沿线国家的金融合作，疏通人民币清算渠道，搭建金融结算服务平台，逐步建立统一的支付结算网络体系，为贸易合作营造良好条件。

"一带一路"省市外贸竞争力评价报告

测评结果显示，总体看，浙江、福建、广东、上海、山东对沿线国家的外贸竞争优势最为显著，分列前五；各省区市对沿线国家的外贸格局进一步优化，"优进优出"的贸易结构逐渐形成。从各测评维度看，各省区市间贸易额差距较大，且呈现"强者愈强、弱者愈弱"的态势；超三分之一省区市对沿线国家的出口贸易对本地经济增长的拉动作用明显；各省区市对沿线国家出口产品以机电等工业制成品为主，外贸市场分布相对均匀；外贸合作呈回稳向好势头，其中以山西贸易增长最快。

对外贸易是推动各地经济增长的重要动力之一。在"一带一路"倡议下，深度开拓"一带一路"沿线国家的外贸市场，促进外贸的提质增效已成为各地对外开放的重要举措。为了提升与"一带一路"沿线国家贸易合作水平，引导各省区市外贸转型升级，我们构建了"一带一路"省市外贸竞争力指数，量化分析各省区市与沿线国家的外贸合作发展水平。

一、指数介绍

（一）指标体系的设计思路

贸易畅通是"一带一路"建设的重要内容，《愿景与行动》指出，要充分发挥国内各地区的比较优势，激发同"一带一路"沿线国家和地区的合作潜力，拓宽贸易领域，优化贸易结构，挖掘贸易新增长点，促进贸易平衡。商务部《对外贸易发展"十三五"规划》中指出，要以推进"一带一路"建设统领对外开放，大力实施"优进优出"战略，优化与相关国家的贸易结构。各省区市也纷纷采取各种措施，深度参与"一带一路"建设，开拓和稳定"一带一路"沿线国家外贸市场成为各地政府的重要工作。我们在借鉴有关外贸理论及相关评价体系基础上，综合考虑"一带一路"建设进展、沿线国家外贸特征等因素，从外贸进展、外贸结构、发展潜力三方面入手，构建了"一带一路"省市外贸竞争力指数。

（二）指标体系的构建

"一带一路"省市外贸竞争力指数指标体系由外贸进展、外贸结构、发展潜力 3 个一级指标和 8 个二级指标组成，3 个一级指标的权重分别按照 40、40、20 进行分配。其中，外贸进展是从各省区市与沿线国家外贸合作规模以及外贸的经济贡献度方面评估各省区市对沿线国家的经济开放程度；外贸结构是从工业制成品比重、产品多元化以及市场多元化三个方面评估各省区市在沿线国家市场上的优势以及可持续发展趋势；发展潜力是从经济园区建设、外贸增长率两个方面评估各省区市外贸发展的便利化环境以及外贸发展趋势。具体指标内容、指标说明及权重分配见表 1。

表1 "一带一路"省市外贸竞争力评价指标体系

一级指标	二级指标	指标说明
外贸进展（40）	进出口总额（15）	该省区市与"一带一路"沿线国家进出口总额。
	出口依存度（15）	该省区市与"一带一路"沿线国家的出口贸易额与国民经济生产总值的比例。
	外贸贡献度（10）	该省区市与"一带一路"沿线国家净出口额增量与国民经济生产总值增量的比例。

（续表）

一级指标	二级指标	指标说明
外贸结构（40）	工业制成品比重（16）	该省区市与"一带一路"沿线国家工业制成品出口额与总出口额比例。
	产品多元化（12）	该省区市与"一带一路"沿线国家出口产品多元化比例。
	市场多元化（12）	该省区市与"一带一路"沿线国家进口市场和出口市场的多元化比例。
发展潜力（20）	经济园区建设（10）	该省区市对外开放的特殊经济区的建设情况。
	外贸增长率（10）	该省区市与"一带一路"沿线国家的贸易额同期增速。

"一带一路"省市外贸竞争力指数的评价对象为中国31个省区市，具体区域划分参考本书《"一带一路"省市参与度评价报告》。数据来源包括各地统计机构、大连瀚闻资讯有限公司等。

二、测评结论

（一）总体测评结论

1. 从整体形势看，与沿线国家的外贸合作中，浙江、福建、广东、上海、山东位居前五

从测评结果看，在前十名范围内，华东、华南、华北、中部、西北地区均有省区市入围，呈现从传统沿海地区向中西部地区倾斜的趋势。浙江、福建、广东、上海、山东与"一带一路"沿线国家的外贸竞争力优势明显（见表2），其中，浙江得分最高，为87.57；新疆发挥其在边境贸易方面的地缘、口岸、民族优势等，着力打造丝绸之路经济带的核心区，成为西北地区唯一进入前十名的省区市。

不过，从各省区市的总体得分情况看，相对华东、华南、华北地区，中部、西北、西南地区得分相对靠后（见图1），未来还有待继

续促进中部地区内陆型改革开放新高地的建设，发挥西北、西南地区与"一带一路"沿线国家的边境贸易优势，打造当地经济新的增长极。

表2 "一带一路"省市外贸竞争力得分排名前15的省/自治区/直辖市

排名	省/自治区/直辖市	得分	排名	省/自治区/直辖市	得分
1	浙江	87.57	9	江西	59.39
2	福建	80.28	10	新疆	57.74
3	广东	79.48	11	广西	56.25
4	上海	76.60	12	湖北	54.95
5	山东	72.00	13	河南	52.09
6	江苏	71.11	14	湖南	52.03
7	北京	65.44	15	辽宁	50.53
8	天津	62.48	—	—	—

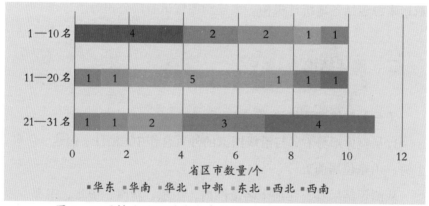

图1 不同排名区间的省/自治区/直辖市区域分布情况

2. 从外贸格局看，各省区市与沿线国家的贸易结构进一步优化，"优进优出"的结构正在形成

从一级指标得分情况看，各省区市对"一带一路"沿线国家的"外贸结构"指标得分率最高且省区市间得分差距最小（见表3），反映各省区市积极落实与"一带一路"沿线国家的外贸优化政策的效益正

在显现，在产业附加值水平、优化市场布局与产品结构等方面取得良好成果，外贸竞争优势得到进一步巩固和提高。其中，浙江、湖南、江西、甘肃、福建等省区市表现最为突出。

但各省区市的外贸进展水平差异较大。"外贸进展"指标最高的广东得分为35.83，而最低分仅为6.10，省区市间得分差距较大，离散系数值为0.60，我国各省区市与"一带一路"沿线国家的外贸规模及其对省区市经济增长的拉动程度呈现"东高中西低"的现象。

表3　"一带一路"省市外贸竞争力一级指标得分情况

一级指标	平均分	得分率/%	离散系数
外贸进展	16.50	41.25	0.60
外贸结构	25.65	64.13	0.21
发展潜力	10.52	52.60	0.41

（二）分项测评结论

1. 从外贸总量看，各省区市与沿线国家的贸易规模差距较大，且呈现"强者愈强、弱者愈弱"的态势

我国各省区市与沿线国家的贸易额差距较大。从区域看，贸易主要集中在华东、华南、华北地区，三地区贸易额占比合计达82.50%。从具体省区市看，在平均贸易额以上的省区市仅有7个，广东、江苏、浙江三省与沿线国家的贸易额超过千亿美元（见图2），其中广东与沿线国家的贸易额最高，达1995.59亿美元，是贸易额最低省区市的418倍。

从国内各区域与沿线国家的贸易额占比变化看，2014—2016年间，华南地区、华东地区的贸易额占比均提升明显（见图3），分别提高4.10、3.80个百分点；而华北、西南、东北、西北地区则呈下降趋势，其中华北地区下降幅度最大，为4.20个百分点。

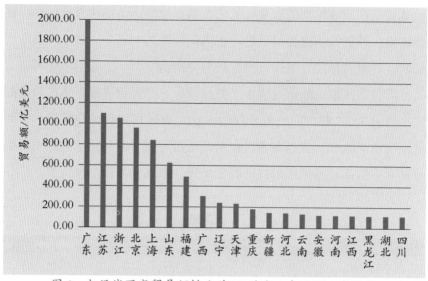

图 2　与沿线国家贸易额排名前 20 的省 / 自治区 / 直辖市

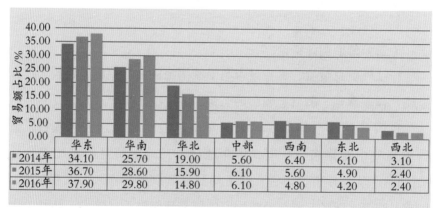

	华东	华南	华北	中部	西南	东北	西北
2014年	34.10	25.70	19.00	5.60	6.40	6.10	3.10
2015年	36.70	28.60	15.90	6.10	5.60	4.90	2.40
2016年	37.90	29.80	14.80	6.10	4.80	4.20	2.40

图 3　2014—2016 年中国各区域与沿线国家贸易额占比情况

2. 从外贸贡献度看，超三分之一省区市与沿线国家的出口贸易对本地经济增长的拉动作用明显

外贸贡献度反映各省区市对"一带一路"沿线国家贸易对其本地经济增长的贡献程度。在我国总体外贸外部需求回升但基础不稳固的情况下，有 11 个省区市（35.48%）与沿线国家的出口贸易对本地经

济增长拉动作用显著（见图4），其中北京、山西、海南、广东、山东的外贸贡献程度最大，其出口主要集中在新加坡、印度、越南、俄罗斯等国家。

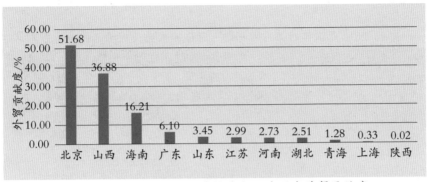

图4　主要省/自治区/直辖市与沿线国家外贸贡献度

3. 从外贸产品看，各省区市对沿线国家出口以工业制成品为主

工业制成品比重是衡量各省区市对"一带一路"沿线国家出口产品结构优化程度与合理水平的重要指标。2016年我国各省区市对沿线国家的工业制成品出口额占比平均达87.37%，有21个省区市超过平均水平，其中重庆、广东、江西的工业制成品出口比重在96.00%以上。从工业制成品的内部结构看，机电类产品[①]是各省区市对沿线国家出口的支柱商品（见表4），其出口额占比达35.51%。其中，重庆对沿线国家的机电类产品出口额占比最高，达50.50%。

出口产品的多元化是减小贸易风险的重要手段之一，出口产品种类"多而散"是贸易合作均衡发展的标志。从出口产品多元化水平看，各省区市对沿线国家出口产品种类的多元化水平并不均衡，17个省区市低于平均水平，其中甘肃对沿线国家出口的产品种类最为多元，

———————

① 在海关总署HS编码中，机电类产品包括锅炉、机器、机械器具及其零件和电机、电气设备及其零件等。

涉及机电、钢铁、家具、寝具、鞋靴、服装、水果、塑料等多种产品，其次为广西、青海、福建、江西，而海南、山西、陕西、河南、重庆对沿线国家的出口产品种类则相对单一。

表4 2016年我国对"一带一路"沿线国家出口额排名前十的产品

产品类型	比重/%
电机、电气设备及其零件等	19.85
锅炉、机器、机械器具及其零件	15.66
钢铁	4.04
塑料及其制品	3.42
家具、寝具	3.29
车辆及其零附件	3.23
钢铁制品	3.17
针织或钩编的服装及衣着附件	2.91
光学、计量、检验、医疗用仪器及设备等	2.85
非针织非钩编服装及衣着附件	2.67

4. 从贸易市场分布看，各省区市对沿线国家的市场分布总体较为均匀，出口市场多元化水平较高

市场多元化水平旨在表征各省区市对"一带一路"沿线进出口贸易市场的分散和均匀程度，分散程度越高，越能分散国际市场的风险，减少对少数国家的依赖。总体而言，我国各省区市在沿线国家的贸易市场份额分布相对均衡，有19个省区市的"市场多元化"指标得分超过平均分。具体从进出口的市场多元化水平看，主要呈现以下特征：一是出口市场多元化水平明显高于进口市场（见图5），仅有辽宁、山西、新疆、广西、西藏5个省区例外。二是进出口市场均较为多元的省区市有浙江、湖南、北京、福建、天津、山东、河北等，进出口市场均相对集中的省区市有黑龙江、广西、西藏、云南、新疆等，其市场分布主要面向距离当地地理位置较近的邻国，例如广西对越南的

出口额占比达 87.74%，黑龙江对俄罗斯的出口额占比达 53.29%。

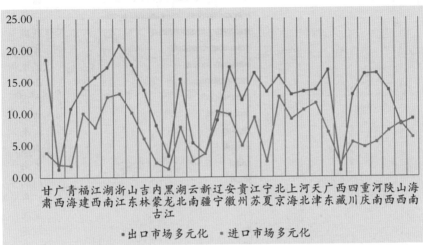

图 5　各省／自治区／直辖市的出口和进口市场多元化水平

5. 从发展潜力看，我国与沿线国家外贸呈回稳向好势头，山西贸易增长最快

近两年我国外贸逐渐回稳向好，2016 年 19 个省区市的外贸增速高于上一年（见图 6），西北、东北地区复苏明显。相较全国贸易增长整体水平，有 13 个省区市对沿线国家的贸易额同比增速高于全国水平，主要集中在华东、华南、中部地区（见图 7）。其中，山西省对"一带一路"沿线国家的贸易增速最高，达 14.44%，高出全国平均水平 19.34 个百分点；其次为河南、宁夏、吉林、山东、广东、新疆等。

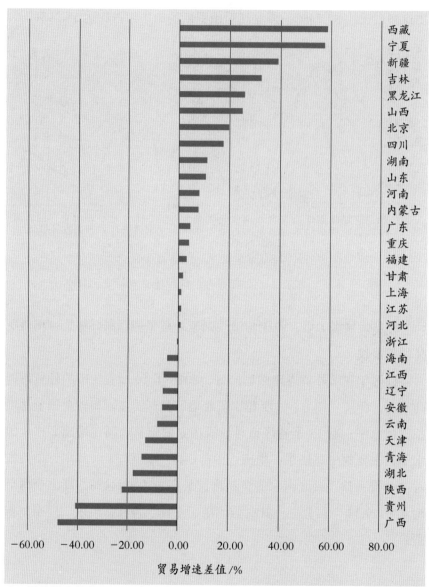

注：贸易增速差值＝2016年某省区市对沿线国家的外贸同比增速－2015年外贸同比增速。

图6　2015—2016年各省／自治区／直辖市对沿线国家的外贸增速变化

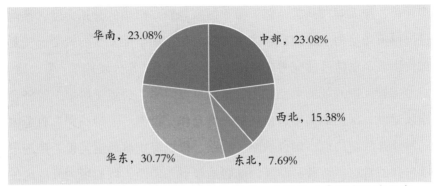

图7　高于全国对沿线国家贸易增速的省 / 自治区 / 直辖市区域分布

三、建议

各省区市对"一带一路"沿线国家的外贸总体进展积极，在优化贸易结构、促进贸易复苏等方面成效明显。但是，各省区市的外贸合作也受全球经济改善迟缓、外部需求低迷、贸易保护主义抬头等外部因素以及物流运输体系不完善、外贸结构还有待调整、进口市场相对集中、企业科技创新能力不足等内部因素的影响，外贸形势依然复杂，外贸回稳向好任重而道远。为更好推动各省区市对接"一带一路"建设，提升外贸竞争力，建议：

在政府层面，一要统筹区域协调发展，促进东中西互动开放。巩固华东、华南地区的竞争优势，发挥引擎带动作用，改善其与周边地区贸易生产要素的循环流动；按照国家重点产业布局，完善对外开放的区域规划，协同推动沿边、内陆、沿海开放，打造各有侧重的对外开放基地，促进区域协调发展。二要优化外贸结构与沿线国家市场布局，加大新兴市场的开拓。加强对新型产业和高新技术产业在资金、技术、政策等方面的支持力度，提升出口产品技术含量，推动向以技术、标准、品牌、质量、服务为核心的综合竞争优势转变；推动市场多元化，加大对"一带一路"沿线国家等新兴市场的开拓力度，推动进出口市场结构从传统市场为主向多元化市场全面发展的转变。三要加快物流运输体系的完善，畅通国际运输通道。充分发挥"一带一路"对沿边省区市开放的带动作用，推动重点口岸、边境（跨境）经济合作区建设，深化面向周边市场的外贸合作；借力"一带一路"打造内陆对外开放新高地，加强铁路、公路、机场等物流通道建设，推进中欧班列的常态化运营，凸显内陆腹地辐射东中西、联通境内外的区位优势和功能优势。

在企业层面，一要提升外贸产品的附加值，注重质量和服务。企业在开拓"一带一路"沿线市场时，应紧密结合国际需求与企业业务发展方向，更加注重理性、长远发展，考虑当地设施发展情况，针对客户需求提供售后服务、技术培训等；利用大数据挖掘等技术对沿线国家的客户需求进行分析，为消费者提供个性化的产品推荐与服务，开发新兴市场的潜在客户，实现精准营销。二要加强科技研发投入，提高企业的创新能力和品牌优势。广泛吸收国内外的先进经验，利用高校、科研院所的研究实力，促进外贸与研究人才的联合培养，在现有基础上实现自主创新，提升产品品牌竞争力，以产业创新来增加定价的话语权，提高在"一带一路"沿线国家的市场口碑。三要积极参与企业间的合作联盟，提升企业的生产、经营专业化与风险抵抗能力。利用中国进出口商品交易会（广州交易会）等国际展会，加强与产业链的其他企业进行战略合作，实现企业抱团"走出去"，降低沿线国家传统与非传统风险对企业的影响。

"一带一路"企业影响力评价报告

测评结果显示，我国企业参与"一带一路"建设热情高涨，综合影响力逐渐提升；民营企业影响力开始显现；影响力较大的企业主要来自北京、广东、上海等地，中、西部地区相对较少；制造、建筑、金融类企业影响力相对较大，互联网IT类企业异军突起。建议从重视企业海外形象、提高企业在地化意识、建立国际化经营理念和强化风险防范意识入手，进一步提高"一带一路"企业影响力。

企业是"一带一路"建设的实施主体和中坚力量。"一带一路"建设为我国企业"走出去"创造了难得的历史机遇，有利于促进企业在海外业务的拓展和自身的发展，同时企业作为国家的名片，其在海外的成长、发展很大程度上代表着中国国家形象，也直接关系到"一带一路"建设的深入推进。为更好地引导企业在参与"一带一路"建设中提升品牌竞争力和国际影响力，以实际行动讲好中国故事，诠释"一带一路"共商、共建、共享理念，我们在深入调研的基础上，构建了"一带一路"企业影响力指数，对相关企业进行了测评分析。

一、指数介绍

（一）指标体系的构建

"一带一路"企业影响力从国际、国内两个视角，以关注度、美誉度两个方面为评价重点，综合反映相关企业参与"一带一路"建设的影响力，评价指标体系见表1。

表1 "一带一路"企业影响力评价指标体系

一级指标	二级指标	指标说明
关注度（50）	国内关注度（25）	国内媒体和网民对该企业参与"一带一路"建设的关注情况。
	国外关注度（25）	沿线国家媒体和网民对该企业参与"一带一路"建设的关注情况。
美誉度（50）	国内满意度（25）	国内媒体和网民对该企业参与"一带一路"建设的满意程度。
	国外满意度（25）	沿线国家媒体和网民对该企业参与"一带一路"建设的满意程度。

（二）评价对象与数据来源

在对参与"一带一路"建设的相关企业进行深入调研的基础上，综合考虑企业性质、企业规模、参与程度等因素，最终确定国内204家企业参评（包括100家跨国企业[①]、104家《财富》世界500强榜单[②]中的中国大陆企业以及50家重点民营企业[③]，共计254家，经去重后得到本次参评样本）。

利用互联网数据抓取和大数据挖掘等技术，对2013年9月7日至2017年5月17日期间，国内外主要新闻网站、社交媒体、论坛等渠道中与上述企业参与"一带一路"话题相关的数据进行了提取和分析，数据量共计160亿条。

[①] 卢进勇等《中国跨国公司发展报告（2016）》，对外经济贸易大学出版社，2017年。

[②] 《财富》世界500强榜单一直是衡量全球大型公司的最著名、最权威的榜单，被誉为"终极榜单"，由《财富》杂志每年发布一次。

[③] 中华全国工商业联合会发布的《2016年中国民营企业500强榜单》前50名企业。

二、测评结果

通过对 204 家企业参与"一带一路"建设的影响力进行测算，得出"一带一路"企业影响力榜单，现列出前 50 名企业名单（见表 2）。

表 2 "一带一路"企业影响力前 50 名榜单

排名	企业名称	排名	企业名称
1	国家电网公司	26	广东粤海控股集团有限公司
2	国家电力投资集团公司	27	河北津西钢铁集团股份有限公司
3	中国石油天然气集团公司	28	联想控股股份有限公司
4	中国石油化工集团公司	29	中天钢铁集团有限公司
5	阿里巴巴（中国）有限公司	30	河钢集团有限公司
6	中国铁道建筑总公司	31	北京汽车股份有限公司
7	中国中车股份有限公司	32	恒大集团
8	华为技术有限公司	33	东风汽车集团股份有限公司
9	中国银行	34	海信集团有限公司
10	中国移动通信集团公司	35	万达集团
11	碧桂园控股有限公司	36	中国海洋石油总公司
12	北京建工集团有限责任公司	37	中国交通建设集团有限公司
13	北京首都创业集团有限公司	38	中国化工集团公司
14	腾讯控股有限公司	39	上海复星高科技（集团）有限公司
15	中国华电集团公司	40	中国建设银行
16	国泰人寿保险股份有限公司	41	上海建工集团股份有限公司
17	华侨城集团公司	42	三一集团
18	交通银行	43	广东省航运集团有限公司
19	中国电力建设集团有限公司	44	中国农业银行
20	光明食品（集团）有限公司	45	江西铜业集团公司
21	马钢（集团）控股有限公司	46	京东集团
22	海航集团	47	广州汽车集团股份有限公司
23	比亚迪股份有限公司	48	广州越秀集团有限公司
24	绿地控股集团股份有限公司	49	TCL 集团股份有限公司
25	美的集团股份有限公司	50	山东如意集团

我们对参评企业，特别是上述排名前 50 名的企业进行了分析：

（一）从总体看，我国企业参与"一带一路"建设热情高涨，综合影响力逐渐提升

"一带一路"倡议提出以来，我国企业参与"一带一路"建设的热情高涨，新签项目合同数和金额均出现显著增长。商务部数据显示，2016 年中国企业在"一带一路"沿线国家新签对外承包工程项目合同较 2015 年增加 4171 份，同比增长 104.6%，新签合同金额增加 333.9 亿美元，同比增长 36.0%（见图 1）。2017 年仅 1—4 月中国企业在"一带一路"沿线 61 个国家新签对外承包工程项目合同 1862 份，新签合同额 318.5 亿美元，同比增长 2.3%，全年有望进一步实现增长。

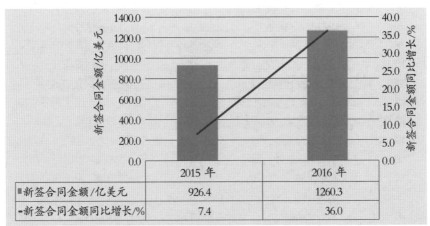

注：数据来源于商务部。

图 1 2015—2016 年我国与"一带一路"沿线国家新签合同情况

通过对比企业近四年的影响力得分情况发现，中国企业参与"一带一路"建设的综合影响力不断提升，2014—2017 年间，"一带一路"企业影响力平均得分从 41 分提高至 63 分，增长 53.66%（见图 2）。

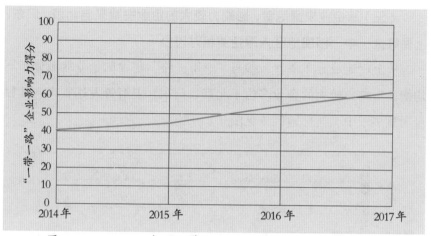

图 2　2014—2017 年"一带一路"企业影响力逐年变化情况

（二）从企业性质看，民营企业影响力开始显现

从企业性质看，影响力排名前 50 名的企业中，民营企业占 42.00%，央企和地方国企分别占 36.00% 和 20.00%，不少民营企业通过自身的业务拓展和品牌宣传，在"一带一路"沿线国家的影响力开始显现（见图 3）。

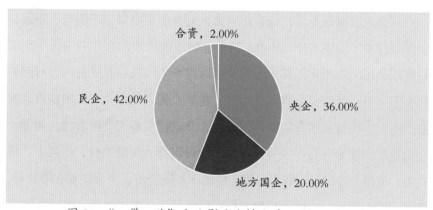

图 3　"一带一路"企业影响力排名前 50 企业的性质

（三）从企业来源地看，影响力较大的企业主要来自北京、广东、上海等地，中、西部地区入围企业相对较少

从企业地域分布来看，参与"一带一路"建设的企业地域分布不均衡，影响力较大的企业多位于北京、广东、上海等发达省市，其数量明显多于中、西部地区（见图4）。

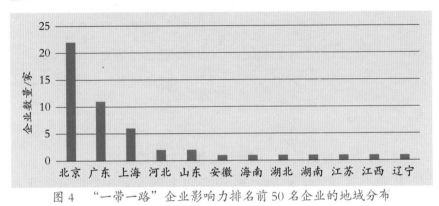

图4 "一带一路"企业影响力排名前50名企业的地域分布

（四）从涉及行业看，制造、建筑、金融类企业影响力相对较大，互联网IT类企业异军突起

从企业所属行业看，综合影响力大的企业主要集中于制造、建筑、金融等行业（见图5）。其中，制造业领域的代表性企业有中国中车股份有限公司、中国化工集团公司、东风汽车集团股份有限公司、河钢集团有限公司、江西铜业集团公司等；建筑业代表性企业有中国铁道建筑总公司、中国交通建设集团有限公司、北京建工集团有限责任公司等；金融业代表性企业有中国银行、中国建设银行、交通银行、中国农业银行等。值得一提的是，阿里巴巴（中国）有限公司、华为技术有限公司、腾讯控股有限公司、联想控股股份有限公司、京东集团等5家互联网IT类企业入围前50名榜单，占比达10.00%，这些互联网IT类企业源源不断地将"中国制造""中国产品"带到沿线各国，助力中国品牌出海拓展，助力沿线国家经济社会发展，同时也获得了较高的社会影响力。

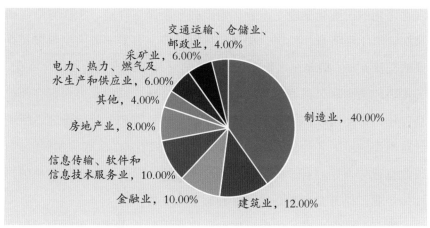

图 5　"一带一路"企业影响力排名前 50 企业的行业分布

三、问题与建议

随着"一带一路"建设的推进，企业影响力正在不断提升，但从整体得分上看，仍有较大提升空间。目前，中国企业参与"一带一路"建设还面临着参与国际标准制定的水平低、企业人才国际化水平不高、企业与国外非政府组织沟通能力弱、风险应对和处置能力不足等问题，这些都对企业影响力形成制约。为此，提出如下建议：

第一，重视企业海外形象建设，借助国内外媒体等渠道积极做好产品和服务的宣传工作。企业海外形象深入"一带一路"的过程，也是传递中国品牌和中国文化的过程。企业在外宣时要加强网站多语言版本建设，特别是结合企业重点业务拓展地区的需求，提供本地化语言的网站宣传，积极搭建与当地公众沟通交流的网上窗口。敢于和善于同所在国媒体、非政府组织打交道，借助当地媒体、专家、公众宣传企业形象。同时，企业应适当增设海外联络处，重视线下宣传推广活动，通过优化产品和服务来扩大中国产品和"中国制造"的影响力。

第二，提高在地化意识，积极履行当地社会责任，打造具有包容多元文化的国际化企业。企业"走出去"要诚实守信，积极与沿线国家探讨国际经济合作机制，加强与各国政府、各类非政府组织以及企业的交流互动，培养在地化意识，积极学习及掌握当地的制度和文化，遵从当地法律和风俗习惯，主动融入当地文化。同时积极履行企业社会责任，帮助沿线国家和地区建设学校、医院等公共基础设施，组织针对当地居民的各种教育培训，解决当地居民就业、医疗等实际问题，以此拉近与当地政府、公众的距离，努力成为具有包容多元文化的国际化企业，提升企业国际化水平和影响力。

第三，要建立国际化经营理念，加强国际化人才培养和自主创新能力建设。"一带一路"沿线国家的语言文化、商业规则、法律体系、行业标准等与国内截然不同，对企业的管理水平和创新能力提出更高要求。企业要建立国际化经营理念，强化"高精尖"人才培养，特别是培养企划、宣传、研发等方面的高级管理人才和专业技术人才，打造企业标准、技术、品牌、管理等多方面优势。企业要积极应用国际先进生产技术并借鉴其经验，加速产品研发，提高产品附加值，加大对技术研发的投入，加强自主创新能力建设，提高国际综合竞争力。

第四，强化风险防范意识，提升风险应对处置能力。"一带一路"沿线国家的政治、经济、社会环境复杂，中国企业"走出去"在东道国的生存和发展面临多样化风险。一方面，国家有关部门要加强国内企业"走出去"的政策和法律支持，积极鼓励和引导企业参与"一带一路"项目，加快专题数据库建设，及时发布相关信息，做好风险分析和预警，设立海外投资风险基金，增强企业抗风险能力。另一方面，企业在"走出去"过程中要注意相关信息收集和研判，加强风险防范意识，尤其要重视知识产权在企业影响力方面的重要作用，学会运用国际营商规则保护企业的核心竞争力和竞争优势。同时，还可以通过购买保险或利用金融工具等措施来防止和规避风险。

"一带一路"智库影响力评价报告

测评结果显示，"一带一路"相关智库机构不断增多，成果数量增长迅猛；智库的"一带一路"研究内容由浅入深，研究成果形式丰富多样；不同类型智库的对外传播平台各有侧重，网站是主要对外传播平台，社交媒体正成为传播新渠道；智库的国内外影响力开始显现，国家级智库表现亮眼。目前"一带一路"智库建设还处在初步阶段，建议从开展多维度研究、强化人才队伍建设、加强成果转化和深化国际合作四个方面提升"一带一路"智库影响力。

智库是现代社会中创造思想、交流思想、传播思想的重要载体，是国家软实力的重要组成部分。在推进"一带一路"建设中，智库通过开展合作研究、信息交流，在"一带一路"建设规划制订、方案机制设计、政策咨询研究上提供多视角的智力支持和思想保障，特别在传递中国声音、增信释疑、扩大共识，促进政策沟通、民心相通等方面发挥了独特作用。习近平主席在"一带一路"国际合作高峰论坛上提出"要发挥智库作用，建设好智库联盟和合作网络"，不仅充分肯定了智库在"一带一路"建设中的重要作用，也为"一带一路"智库建设指明了方向。当前，随着"一带一路"建设的深入，相关智库越来越多，研究成果也越来越丰富，为客观反映"一带一路"相关智库建设进展及其社会影响，引导和促进智库在"一带一路"建设中发挥更大作用，我们推出了"一带一路"智库影响力指数。

一、指数介绍

（一）指标体系的构建

高质量的研究成果是形成智库影响力的重要基础，传播平台是形成智库影响力的重要渠道，而国内外对智库及其成果的关注程度则是智库影响力的重要体现。为此，我们从研究成果、传播平台、社会关注三个维度构建了包括 3 个一级指标、7 个二级指标、12 个三级指标在内的测评指标体系（见表 1）。

表 1 "一带一路"智库影响力评价指标体系

一级指标	二级指标	三级指标	指标说明
研究成果（30）	论文（18）	发文量（10）	该智库发表"一带一路"相关论文的数量。
		下载量（5）	该智库论文被下载的次数。
		被引量（3）	该智库论文被引用的次数。
	报告与专著（12）	—	该智库公开发布"一带一路"相关报告及出版专著的数量。
传播平台（40）	网站（16）	发文量（8）	该智库在其官方网站上发布"一带一路"相关文章的数量。
		Alexa 排名（2）	该智库网站的 Alexa 综合排名，反映该智库网站的影响力。
		外文版本（4）	该智库网站设置外语版本的情况，反映该智库对外传播能力。
		搜索引擎平均收录量（2）	该智库网站信息在主要搜索引擎上的平均收录情况，反映该智库网站信息对搜索用户的可见程度。
	微信（16）	发文量（8）	该智库微信公众号发表"一带一路"相关文章的数量。
		阅读量（6）	该智库微信公众号发表"一带一路"相关文章的阅读量。
		点赞量（2）	该智库微信公众号发表"一带一路"相关文章的点赞量。
	微博（8）	发文量（6）	该智库微博发表"一带一路"相关文章的数量。
		粉丝量（2）	该智库微博的粉丝量，反映微博信息传播力。

（续表）

一级指标	二级指标	三级指标	指标说明
社会关注 （30）	国内关注度 （15）	—	利用大数据技术，考察该智库国内互联网关注程度。
	国外关注度 （15）	—	利用大数据技术，考察该智库国外互联网关注程度。

（二）测评范围

以"中国智库索引"（CTTI）目录、中国网智库目录、首批国家高端智库目录以及近四年来成立的"一带一路"相关智库等 800 多家智库机构为基础，通过大数据技术，从中提取连续四年与"一带一路"研究相关度较高的智库机构共 120 家作为参评对象。各项指标数据采集时间为 2013 年 9 月 7 日至 2017 年 5 月 17 日。

二、测评结果

考虑到 120 家参评智库的不同属性，我们将其分成四种类型，即国家级智库、地方性智库、社会智库和高校智库，每种类型排出前十名。

表 2 "一带一路"国家级智库影响力排名

排名	智库名称	排名	智库名称
1	中国社会科学院[①]	6	中共中央党校
2	国务院发展研究中心	7	国家信息中心
3	中国现代国际关系研究院	8	当代世界研究中心
4	中国国际问题研究院	9	中国宏观经济研究院
5	商务部国际贸易经济合作研究院	10	中国科学院地理科学与资源研究所

---

① 中国社会科学院下属研究院所较多，这次测评以中国社会科学院世界经济与政治研究所、中国社会科学院俄罗斯东欧中亚研究所、中国社会科学院亚太与全球战略研究院等为主要对象，其排名为相关院所测评得分的综合排名。

表3 "一带一路"地方性智库影响力排名

排名	智库名称	排名	智库名称
1	上海国际问题研究院	6	福建社会科学院
2	上海社会科学院	7	广东省社会科学院
3	广东国际战略研究院	8	陕西省社会科学院
4	四川省社会科学院	9	新疆社会科学院
5	广西社会科学院	10	青海省社会科学院

表4 "一带一路"社会智库影响力排名

排名	智库名称	排名	智库名称
1	中国国际经济交流中心	6	一带一路百人论坛
2	中国与全球化智库	7	凤凰国际智库
3	察哈尔学会	8	中国（深圳）综合开发研究院
4	盘古智库	9	瞭望智库
5	蓝迪国际智库	10	零点有数

表5 "一带一路"高校智库影响力排名

排名	智库名称	排名	智库名称
1	中国人民大学重阳金融研究院	6	北京第二外国语学院中国"一带一路"战略研究院
2	北京大学国家发展研究院	7	上海外国语大学中东研究所
3	清华大学中国与世界经济研究中心	8	兰州大学中亚研究所
4	西北大学丝绸之路研究院	9	华侨大学海上丝绸之路研究院
5	北京交通大学丝绸之路研究中心	10	北京外国语大学丝绸之路研究院

我们利用大数据等分析技术，综合参评智库中各位专家"一带一路"相关研究的发文量、下载量、被引量和互联网影响力，遴选了在公开渠道发声较多的30名智库专家（见表6）。

表6 公开发声较多的专家（按照姓氏笔画排序）

专家	所属单位	专家	所属单位
王 文	中国人民大学重阳金融研究院	史育龙	中国宏观经济研究院
王义桅	中国人民大学国际关系学院	白 明	商务部国际贸易经济合作研究院
王辉耀	中国与全球化智库	刘卫东	中国科学院"一带一路"战略研究中心

（续表）

专家	所属单位	专家	所属单位
刘军红	中国现代国际关系研究院	庞中英	中国人民大学国际关系学院
刘作奎	中国社会科学院欧洲研究所	赵可金	清华大学全球共同发展研究院
阮宗泽	中国国际问题研究院	赵明昊	当代世界研究中心
孙久文	中国人民大学区域与城市经济研究所	赵 磊	中共中央党校国际战略研究院
何茂春	清华大学经济外交研究中心	赵晋平	国务院发展研究中心对外经济研究部
张宇燕	中国社会科学院世界经济与政治研究所	胡鞍钢	国情研究所
张茉楠	中国国际经济交流中心	柯银斌	北京大学全球互联互通研究中心
张蕴岭	中国社会科学院	黄日涵	华侨大学国际关系学院
陈文玲	中国国际经济交流中心	梁海明	丝路智谷研究院
陈雨露	中国人民银行	储 殷	国际关系学院
林民旺	复旦大学国际问题研究院	翟 崑	北京大学全球互联互通研究中心
周 密	商务部国际贸易经济合作研究院	薛 力	中国社会科学院世界经济与政治研究所

三、分析结论

（一）相关智库机构不断增多，成果数量增长迅猛

关注"一带一路"的智库数量越来越多。"一带一路"倡议提出以来，800多家智库对"一带一路"均有不同程度的研究，许多高校、企业、地方都成立了专门研究机构，据不完全统计，近四年来新成立的以"一带一路"为主开展研究的相关智库有30多家。从地域看，目前关注"一带一路"较多的智库主要分布于北京、上海、广东、福建、陕西等地。从属性看，国家和地方党政智库仍是推进"一带一路"研究的主力军，社会智库和高校智库正不断涌现。

"一带一路"相关论文、报告、专著的数量不断增多。从总量看，国家级智库、高校智库、地方性智库论文发表数量较多，社会智库和高校智库发布报告和专著较多。特别是在论文发表方面，自2013

年起"一带一路"相关论文发表数量总体呈持续增长态势，于2015年达到20 550篇，2016年略有下降，但2017年前5个月已经达到9218篇，全年有望超过2015年水平（见图1）。综合论文发文量、下载量和被引量，中国社会科学院、国务院发展研究中心、中国国际经济交流中心、上海社会科学院、中共中央党校分列前五（见图2）。

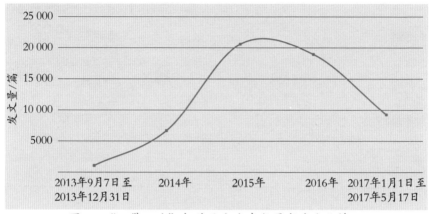

图1 "一带一路"相关论文发表数量年度变化情况

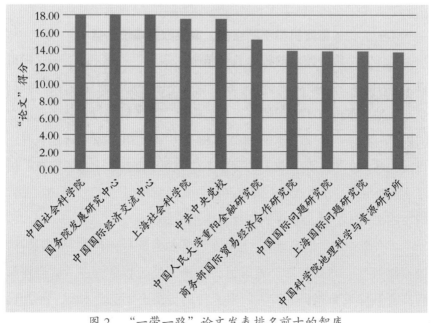

图2 "一带一路"论文发表排名前十的智库

（二）研究内容由浅入深，研究成果形式多样

智库研究内容逐步深入，2013年和2014年主要集中于"一带一路"背景、内涵、面临的机遇和挑战等宏观性研究（见图3），从2015年开始，研究内容更加广泛和多元，不断延伸到战略对接、区域及国别合作、省区市参与、产能合作、金融合作、能源合作、人民币国际化、文化交流等多个领域（见图4）。

图3　2013—2014年"一带一路"关注热词词云

图4　2015—2017年"一带一路"关注热词词云

多数智库在积极做好"一带一路"决策支持工作外，采取论文、研究报告、专著、调研、专栏评论、研讨会、论坛以及接受采访等丰富多彩的形式展现其研究成果，逐渐形成"百家争鸣"的态势。值得一提的是，智库机构公开发布了大量"一带一路"主题研究报告，引起了社会的广泛关注。其中，既有综合性报告，如中国人民大学"一带一路"建设进展课题组的《坚持规划引领 有序务实推进——"一带一路"建设三周年进展报告》、一带一路百人论坛研究院编的《"一带一路"年度报告（2016、2017）》、国家信息中心的《"一带一路"大数据报告（2016）》等，从不同视角对"一带一路"建设进展及成效进行较为全面的分析；也有针对具体领域的专门研究报告，如中国社会科学院世界经济与政治研究所的《中国海外投资国家风险评级报告（2016）》、国家信息中心联合有关单位共同编写的《"一带一路"贸易合作大数据报告（2017）》等。

（三）不同类型智库的对外传播平台各有侧重，社交媒体正成为传播新渠道

从传播平台看，网站是智库的主要对外传播平台，绝大多数参评智库在网站上持续发布"一带一路"相关信息，部分智库还设置了"一带一路"专题栏目。同时，社交媒体正逐步成为智库对外发声、与受众互动的重要平台。多数智库特别是社会智库和高校智库纷纷通过微信、微博等社交媒体平台进行传播。在微信、微博传播排名前20的智库中，社会智库占比均为55.00%，其次是高校智库（见图5）。在参评智库中，49.17%的智库开通了微信公众号，其中，一带一路百人论坛、蓝迪国际智库、中国人民大学重阳金融研究院、中国与全球化智库、盘古智库等智库的公众号"一带一路"相关发文数量较多，频率较高。有23.33%的智库开通了微博，其中，中国人民大学重阳

金融研究院、察哈尔学会、瞭望智库相关发文较多。

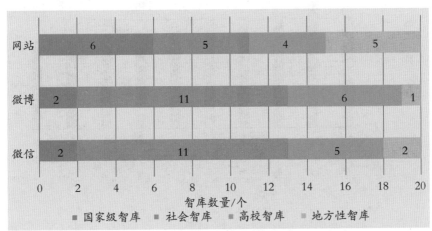

图 5　各传播平台中排名前 20 的智库类型分布情况

（四）智库的国内外影响力开始显现，国家级智库表现亮眼

从社会关注度看，中国社会科学院、中国国际问题研究院、中国人民大学重阳金融研究院、国务院发展研究中心、中国国际经济交流中心位列社会关注度前五（见图 6）。国家级智库表现亮眼，国内外关注度均较高，社会智库的国内关注度略高于国外关注度。在国内关注度排名前十的智库中，有 6 个是国家级智库，3 个是社会智库；在国外关注度排名前十的智库中，有 6 个是国家级智库，1 个是社会智库（见图 7、图 8）。

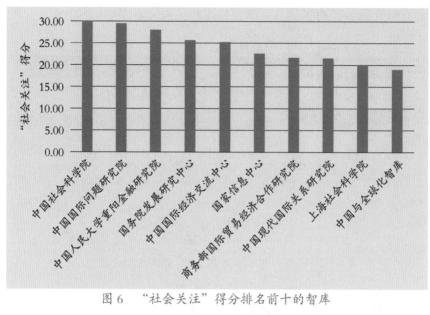

图 6 "社会关注"得分排名前十的智库

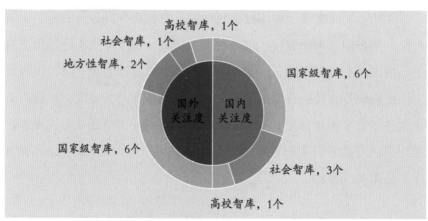

图 7 国内外关注度排名前十的各类型智库数量

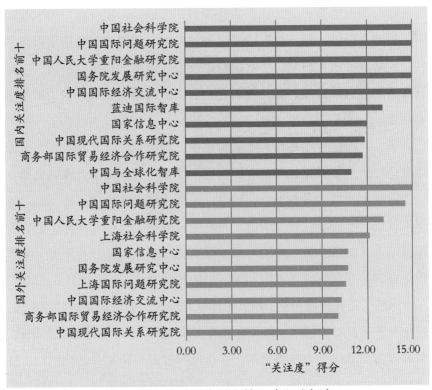

图 8　国内外关注度得分排名前十的智库

四、政策建议

近四年来，"一带一路"相关智库发展迅速，发挥作用明显。但同时也应看到，"一带一路"智库建设还处于起步阶段，与国际高端智库相比，我们在理论体系研究、话语体系构建、人才队伍建设、智库合作交流等方面还有很大提升空间。为更好发挥智库积极作用，进一步推动"一带一路"建设，打造"智力丝绸之路"，建议从以下四个方面加强智库建设：

第一，坚持理论与实践相结合，引导开展全方位多维度研究。一是深入理论研究，不断夯实理论基础，逐步构建多学科、全方位的"一带一路"理论体系。二是加强实践探索，开展"一带一路"的实地调研，特别是对"一带一路"沿线国家的考察、调研工作，搭建调研平台，使智库科研人员充分了解国内以及沿线国家的国情、民情。三是开展前瞻性、针对性、储备性研究，着力提高研究成果质量，推动内容创新。

第二，强化智库高端人才队伍建设，构建"一带一路"智力支撑体系。打造高端智库，形成有影响力的成果，须有高端人才的支撑。一方面要加快培养专业型、实践型以及复合型智库人才，特别是熟悉国家政策、了解沿线国家国情、具有全球视野的研究型人才，做好智库高端人才储备。另一方面不断加强与沿线国家人才互换培养，实现智力资源的互联互通、互学互鉴，形成智慧合力。

第三，完善传播机制，加强智库成果转化。拓宽成果的转化渠道，强化有关智库对"一带一路"决策的支撑力度，建立多渠道、多层次、多载体的信息报送和传播机制，多措并举完善科研成果转化机制，提升成果转化效率；积极与媒体合作，并充分利用新媒体、高端论坛等多形式对外传播研究成果，扩大宣传力度，发挥智库科学引导民意、有效启迪民智的积极作用。

第四，深化智库国际合作，助力"一带一路"话语体系建设，提升智库国际影响力。建立常态化的国际智库合作机制，通过联合研究、互访交流、培训教育等多种形式，开展全方位、多层次的智库交流与合作，实现资源共享，优势互补；积极参与国际重大会议、智库论坛对话，全方位传播"一带一路"的核心理念，促进各国政治互信和文化交融互鉴，提升"一带一路"智库国际影响力。

"一带一路"媒体关注度评价报告

测评结果显示，媒体对"一带一路"的关注度整体呈上升趋势；报道内容日益丰富，设施联通与贸易畅通备受关注；国内西部和东南沿海地区以及东南亚、中亚、东北亚等地区最受媒体关注；不同媒体关注的侧重点不同。为更好发挥媒体的舆论宣传、引导作用，建议从构建多媒一体的"一带一路"传播矩阵，掌握"一带一路"国际舆论传播的主动权，打造"一带一路"国际话语体系三个方面加强相关工作。

媒体是推进"一带一路"舆论宣传和引导工作、加强国际传播能力建设的重要力量，是促进各国民心相通、深化互相理解的重要桥梁和文化纽带。自"一带一路"倡议提出以来，各大媒体持续高度关注和广泛解读，在"一带一路"信息传播、增进互信、凝聚共识等方面发挥着不可替代的重要作用。为评价国内媒体"一带一路"信息传播和舆论引导成效，促进其在推动国家关系发展、沟通民心民意、深化理解互信方面积极有为，为"一带一路"建设发挥更加积极作用，我们在对相关媒体深入调研的基础上，构建了"一带一路"媒体关注度指数，并对有关媒体进行了测评分析。

一、指数介绍

（一）指标体系的构建

"一带一路"媒体关注度指数按照不同媒体类型，分为传统媒体关注度和网络媒体关注度两大类。其中，传统媒体又分为报纸和期刊两类，重点考察其"一带一路"相关文章的发文量、下载量和被引量；网络媒体主要以新闻网站为主体，重点考察网站"一带一路"相关文章的发文量、收录量及影响力等。具体指标体系构建及权重见表1。

表1 "一带一路"媒体关注度评价指标体系

一级指标	二级指标	三级指标	指标说明
传统媒体	报纸类（100）	发文量（60）	刊登"一带一路"相关文章数量。
		下载量（30）	刊登"一带一路"相关文章被下载次数。
		被引量（10）	刊登"一带一路"相关文章被引用次数。
	期刊类（100）	发文量（50）	"一带一路"相关文章发表数量。
		下载量（30）	"一带一路"相关文章被下载次数。
		被引量（20）	"一带一路"相关文章被引用次数。
网络媒体	新闻网站（100）	发文量（50）	"一带一路"相关文章发表数量。
		搜索引擎平均收录量（40）	"一带一路"相关文章被百度、搜狗、360等主流搜索引擎平均收录量。
		Alexa 排名（10）	Alexa 综合排名。

（二）评价对象和方法

参评对象分为报纸、期刊和新闻网站三类。其中，报纸类媒体以近四年来刊登过"一带一路"相关文章的485家国内报纸为基础，从中选取发文量超过10篇的255家报纸为参评对象；期刊类媒体以近四年来发表过"一带一路"相关文章的3220家国内期刊为基础，从中选取发文量超过10篇的754家期刊为参评对象；新闻网站类媒体以中央网信办公布的《互联网新闻信息服务单位名单（截至2017年4月）》所涉及的294家新闻网站为参评对象。

本指数主要采取互联网采集和大数据分析等方法。数据来源有两个方面：（1）2013年9月7日—2017年5月17日，中国知网（CNKI）报纸库、期刊库中与"一带一路"主题直接相关的文章共计5万余篇；（2）同期，百度、谷歌、搜狗、360、必应等主要搜索引擎收录的参评新闻网站中与"一带一路"相关的数据共计 800 多万条。

二、测评结果

（一）报纸类媒体排行榜

报纸类媒体按照报纸发行主体分为国家级报纸、省级报纸和地市级报纸三类，每种类型选取排名前 30 位的媒体。

表 2 "一带一路"媒体关注度排行榜（国家级报纸）

排名	报纸名称	排名	报纸名称	排名	报纸名称
1	人民日报	11	人民政协报	21	中国能源报
2	光明日报	12	中华工商时报	22	中国经营报
3	中国经济时报	13	中国改革报	23	中国海洋报
4	经济日报	14	中国经济导报	24	中国民族报
5	21 世纪经济报道	15	中国文化报	25	现代物流报
6	人民日报海外版	16	中国旅游报	26	中国国门时报
7	国际商报	17	经济参考报	27	中国电力报
8	金融时报	18	中国企业报	28	法制日报
9	证券日报	19	中国贸易报	29	科技日报
10	中国社会科学报	20	第一财经日报	30	中国交通报

表 3 "一带一路"媒体关注度排行榜（省级报纸）

排名	报纸名称	排名	报纸名称	排名	报纸名称
1	陕西日报	11	浙江日报	21	内蒙古日报（汉）
2	甘肃日报	12	解放日报	22	北京日报
3	新疆日报（汉）	13	新华日报	23	湖南日报
4	南方日报	14	青海日报	24	湖北日报
5	海南日报	15	福建日报	25	江西日报
6	广西日报	16	重庆日报	26	河北日报
7	河南日报	17	云南日报	27	各界导报
8	四川日报	18	宁夏日报	28	兵团日报（汉）
9	文汇报	19	辽宁日报	29	甘肃经济日报
10	黑龙江日报	20	吉林日报	30	云南政协报

表4 "一带一路"媒体关注度排行榜（地市级报纸）

排名	报纸名称	排名	报纸名称	排名	报纸名称
1	连云港日报	11	乌鲁木齐晚报（汉）	21	南通日报
2	西安日报	12	酒泉日报	22	厦门日报
3	兰州日报	13	伊犁日报（汉）	23	郑州日报
4	深圳特区报	14	泉州晚报	24	银川日报
5	成都日报	15	钦州日报	25	金华日报
6	青岛日报	16	昆明日报	26	洛阳日报
7	宁波日报	17	汕头日报	27	福州日报
8	深圳商报	18	社会科学报	28	徐州日报
9	张掖日报	19	喀什日报（汉）	29	吐鲁番日报（汉）
10	东莞日报	20	湛江日报	30	开封日报

（二）期刊类媒体排行榜

期刊类媒体不再按照所属领域进行细分，而按照指数综合评价，选出关注度排名前30位的媒体。

表5 "一带一路"媒体关注度排行榜（期刊类）

排名	期刊名称	排名	期刊名称
1	大陆桥视野	16	中国投资
2	新疆师范大学学报（哲学社会科学版）	17	人民论坛
3	地理科学进展	18	国际贸易问题
4	国际经济评论	19	西部大开发
5	世界经济与政治	20	理论月刊
6	中国流通经济	21	时代金融
7	东北亚论坛	22	兰州大学学报（社会科学版）
8	国际工程与劳务	23	改革
9	经济纵横	24	港口经济
10	人民论坛·学术前沿	25	世界知识
11	国际贸易	26	中国对外贸易
12	国际经济合作	27	现代经济信息
13	商	28	商场现代化
14	东南亚纵横	29	中国经贸导刊
15	国际问题研究	30	对外经贸

（三）新闻网站类媒体排行榜

新闻网站类媒体根据主办单位的性质分为国家级新闻网站[①]和地方性新闻网站两类，每种类型各排出前 30 名。

表 6 "一带一路"媒体关注度排行榜（国家级新闻网站）

排名	网站名称	排名	网站名称	排名	网站名称
1	中国新闻网	11	理论网	21	华夏经纬网
2	中国网	12	中国人大网	22	中国科技网
3	人民网	13	民主与法制网	23	中国文化传媒网
4	光明网	14	紫光阁网	24	中国经济周刊网
5	中国经济网	15	中国网络电视台	25	人民论坛网
6	求是网	16	中国青年网	26	中国金融新闻网
7	中国日报网站	17	国际在线	27	中国商报网（中国商报）
8	新华网	18	中青在线	28	中国民航网
9	央广网	19	中国侨网	29	中国财经新闻网
10	环球网	20	中国电力新闻网	30	和讯网

表 7 "一带一路"媒体关注度排行榜（地方性新闻网站）

排名	网站名称	排名	网站名称	排名	网站名称
1	观察者网	11	扬子晚报网	21	中华泰山网
2	贵阳网	12	东南网	22	陕西传媒网
3	南海网	13	海疆在线	23	张家口新闻网
4	上海澎湃新闻网	14	南方新闻网	24	扬州网
5	界面	15	泉州网	25	青岛新闻网
6	大众网	16	海口网	26	山西网络广播电视台
7	广西新闻网	17	南昌新闻网	27	苏州新闻网
8	天津网	18	青海新闻网	28	四川网络广播电视台
9	新疆亚欧网	19	正北方	29	今晚网
10	新疆网	20	中国甘肃网	30	厦门网

---

① 含全国行业性新闻网站。

三、分析结论

（一）从报道数量看，媒体对"一带一路"的关注度整体呈上升趋势

近四年来，传统媒体与网络媒体的报道量随"一带一路"建设深入呈现上升趋势。其中，报纸类相关发文量累计高达 17 000 篇。特别是自 2015 年 3 月《愿景与行动》出台至 2017 年 5 月"一带一路"国际合作高峰论坛召开，媒体对"一带一路"的关注量大幅增长，报纸和期刊月均发文量均超过 400 篇（见图 1）。

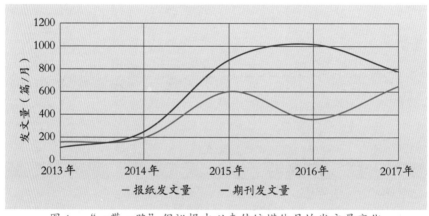

图 1　"一带一路"倡议提出以来传统媒体月均发文量变化

（二）从关注主题看，报道内容日益丰富，设施联通与贸易畅通备受关注

近四年来，媒体对"一带一路"的关注焦点和范围逐渐拓展。随着"一带一路"建设的推进，媒体关注和报道的内容逐渐从战略层面向基础设施、能源合作、经贸往来、人文交流等多方面延伸（见图 2），关注领域更加广泛、内容更加丰富。

图2　2013—2017年国内媒体对"一带一路"关注热词词云

互联网大数据分析显示，自"一带一路"倡议提出以来，国内媒体对"一带一路"设施联通和贸易畅通两个方面较为关注，占比超过50.00%（见图3）。

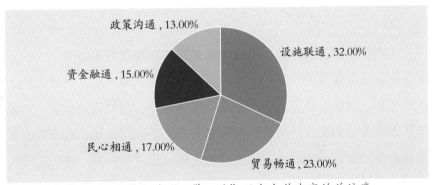

图3　国内媒体对"一带一路"五大合作内容的关注度

（三）从关注区域看，国内西部和东南沿海地区以及东南亚、中亚、东北亚等地区最受媒体关注

从国内被关注区域来看，由于各区域地理区位、功能定位以及"一带一路"建设参与度各异，媒体对各省区市"一带一路"建设情况的

关注程度也出现明显差异。其中，新疆、甘肃、陕西、云南等西部地区以及广西、福建、上海、广东、江苏、海南等东南沿海地区的媒体关注度相对靠前（见图4）。

从国外被关注区域来看，东南亚、中亚和东北亚受到国内媒体报道较多，其次是中东欧、南亚、西亚北非。

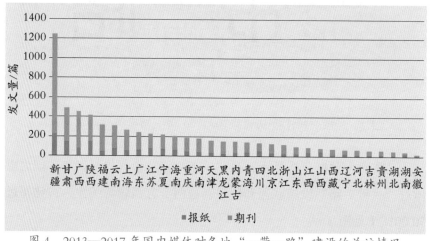

图4 2013—2017年国内媒体对各地"一带一路"建设的关注情况

（四）从关注视角看，不同媒体关注的侧重点各不相同

从报纸类媒体关注看，国家级报纸更关注政策沟通，多报道国家高层互访、战略合作等；省级报纸更多从各地自身的区位优势、资源禀赋等出发就相关具体项目的落地和实施推进进行报道；地市级报纸就各自参与项目、规划重点、配合上级政府推进"一带一路"建设情况报道较多。

从期刊类媒体关注看，主要集中于对"一带一路"贸易潜力、产能合作、地缘政治、国际关系、风险评估等方面进行研究，近年来呈现出从理论研究向理论与实证研究相结合的转型。

从新闻网站类媒体关注看，国家级新闻网站就"一带一路"推进的重要领域、重点地区、重大项目报道较多；地方性新闻网站或就各地参与项目、对接方案实施情况报道较多，或就重点问题转载国家级新闻网站的内容较多。

四、政策建议

"国之交在于民相亲，民相亲在于心相通。"推进"一带一路"建设，需要进一步加强媒体的舆论宣传工作，媒体需要树立正确的理念和价值观，努力讲好丝路历史故事和现代故事，阐述丝路精神，强化感情共同体、利益共同体、命运共同体和责任共同体的意识，为"一带一路"建设营造良好的舆论氛围。

第一，加强媒体统筹协调，积极推动媒体融合发展，构建多媒一体的"一带一路"传播矩阵。推动传统媒体和新兴媒体在内容、渠道、平台、经营、管理等方面的深度融合，打造形态多样、手段先进、具有竞争力的外宣旗舰媒体，建设拥有强大实力和传播力、公信力、影响力的新型媒体传播集团，形成微博、微信、PC端、广播、电视等立体多样、融合发展的"一带一路"媒体传播矩阵，通过大众传播、群体传播、人际传播等多种方式宣传"一带一路"，促进民心相通，增进理解互信。

第二，强化外宣能力建设，积极推动媒体"走出去"，掌握"一带一路"国际舆论传播的主动权。媒体要做好"一带一路"建设的传播者、记录者和推动者，强化新闻报道力度，形成更加有利的国际舆论氛围。一是媒体既要讲好传统中国故事，更要讲好当代中国故事，以便沿线国家对中国形成更立体更全面的印象；二是媒体要少聚焦政治影响，多聚焦经贸、金融、文化等方面的交流与合作，强化民心相通；三是媒体在对外传播中要重视措辞和语言翻译，要内外有别，避免国内一些通用词汇翻译过程中被异化而造成歧义和误解；四是积极联合国外媒体，借助国外传播平台，以对方喜闻乐见的形式传播正确的理念和价值观，通过对象国的媒体、专家、权威人士和意见领袖等来讲述"一带一路"的意义。

第三，促进媒体与智库融合发展，打造"一带一路"国际话语体系。媒体和智库是"一带一路"软力量建设的重点，推动二者融合发展，媒体在舆论宣传和引导方面可获得长期稳定的智力支持，智库亦可通过权威、有效的媒体传播平台，提升其"一带一路"相关研究成果的传播力与影响力，助力智库优化升级。媒体与智库可建立智力资源融合机制，以高质量智慧产品生产和最佳传播的深度融合共同打造"一带一路"国际话语体系。

"一带一路"沿线国家信息化发展水平评估报告

　　本报告从 ICT（information communications technology）基础、ICT 应用、ICT 产业三个方面构建了"一带一路"信息化发展指数（the Belt and Road-information development index, B&R-IDI）。测评结果显示，"一带一路"沿线国家信息化发展总体上处于"中等"水平，中东欧地区国家信息化发展水平整体较高。从具体测评维度看，ICT 基础方面，人均 GDP 提高以及高等教育普及有助于推进信息化发展，沿线国家可提供的宽带接入速度有待提高；ICT 应用方面，移动电话成为沿线国家主要通信工具，但移动宽带发展滞后于移动电话，家庭电脑普及率较高但固定宽带普及率较低；ICT 产业方面，沿线国家 ICT 出口贸易普遍较低。建议从推进信息基础设施互联互通、发展跨境电商、打造信息平台、开展信息合作四方面提高信息化发展水平。

　　推进"一带一路"沿线国家网络和信息化建设，提高互联互通水平，是"一带一路"建设的重要内容。习近平主席在"一带一路"国际合作高峰论坛上提出，要"建设 21 世纪的数字丝绸之路"。网络互联、信息互通是"一带一路"沿线国家加强沟通、扩大共识、深化合作的强韧纽带；实现沿线国家信息技术基础设施的全面升级和互联互通，是顺利推进"一带一路"创新发展、共建数字丝绸之路的必然要求。

为全面了解沿线国家信息化发展水平，我们构建了"一带一路"信息化发展指数。

一、指数介绍

本次测评从 ICT 基础、ICT 应用、ICT 产业三个方面构建了包括 3 个一级指标、11 个二级指标在内的测评指标体系。本次测评在 2016 年 B&R-IDI 指标体系基本稳定的同时，重点做了两方面的调整：一是将"成人识字率"替换为"高等教育入学率"，以考察居民受高等教育程度，反映居民应用信息通信技术的基本能力；二是新增评价 ICT 产业发展潜力的一级指标，并下设"ICT 产品出口占比"和"ICT 服务出口占比"2 个二级指标，旨在考察各国在信息通信产品和服务方面的对外供给能力。本次测评对象为"一带一路"沿线 64 个国家，测评结果划分为"高""较高""中等""较低""低"五个等级。参评国家及所属区域、计算方法、阶段划分均与 2016 年一致，详见《"一带一路"大数据报告（2016）》[①]。具体指标体系及说明见图 1、表 1。

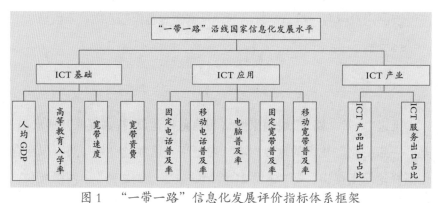

图 1 "一带一路"信息化发展评价指标体系框架

---

① 国家信息中心"一带一路"大数据中心《"一带一路"大数据报告（2016）》，商务印书馆，2016 年，第 17、247、248 页。

表1 "一带一路"信息化发展评价指标体系

一级指标	二级指标	指标说明
ICT基础（40）	人均GDP（10）	考察人均国内生产总值，反映该国的经济基础与实力。
	高等教育入学率（10）	考察该国高等教育在学人数占适龄人口的比重，反映居民受高等教育程度以及应用信息通信技术的基本能力。
	宽带速度（10）	考察该国固定宽带的速度（单位为Mbit/s），反映该国为居民提供的上网基础环境质量。
	宽带资费（10）	考察固定宽带价格占人均国民收入的比例，反映该国宽带价格的可承受性。
ICT应用（40）	固定电话普及率（8）	考察每百人固定电话的普及情况，反映居民使用固定电话进行通信的能力。
	移动电话普及率（8）	考察每百人移动电话的普及情况，反映居民使用移动电话进行通信的能力。
	电脑普及率（8）	考察每百户家庭电脑的普及情况，反映居民购买电脑及使用电脑的能力。
	固定宽带普及率（8）	考察每百人固定宽带的普及情况，反映通过固定宽带接入方式使用互联网的能力。
	移动宽带普及率（8）	考察每百人移动宽带的普及情况，反映通过移动宽带接入方式使用互联网的能力。
ICT产业（20）	ICT产品出口占比（10）	考察信息和通信技术产品出口占产品出口总量的百分比，反映ICT产品出口能力。
	ICT服务出口占比（10）	考察信息和通信技术服务出口占服务出口总量的百分比，反映ICT服务出口能力。

二、总体结论

从测评结果来看，"一带一路"沿线国家信息化发展总体上处于"中等"水平，B&R-IDI平均分为53.09。新加坡、以色列、爱沙尼亚位列前三，处于"高"水平，占总参评国家数的4.69%；21个国家处于"较高"水平，占32.81%；24个国家处于"中等"水平，占37.50%；15个国家处于"较低"水平，占23.44%；1个国家处于"低"水平，占1.56%（见表2）。

表2 "一带一路"沿线国家 B&R-IDI 总分和排名

排名	国家	总分	等级	排名	国家	总分	等级
1	新加坡	90.44		33	黑山	53.82	
2	以色列	89.75	高	34	印度尼西亚	49.66	
3	爱沙尼亚	87.72		35	亚美尼亚	49.39	
4	捷克	78.55		36	蒙古国	49.05	
5	波兰	78.15		37	文莱	49.05	
6	斯洛文尼亚	76.71		38	阿塞拜疆	49.03	
7	斯洛伐克	75.60		39	伊朗	47.48	
8	立陶宛	75.45		40	波黑	47.26	
9	巴林	75.06		41	越南	45.92	中等
10	俄罗斯	75.00		42	阿尔巴尼亚	45.18	
11	拉脱维亚	74.78		43	埃及	44.58	
12	保加利亚	74.15		44	马尔代夫	43.39	
13	罗马尼亚	74.13		45	约旦	42.67	
14	塞尔维亚	71.59	较高	46	斯里兰卡	41.15	
15	匈牙利	71.03		47	不丹	40.51	
16	克罗地亚	70.94		48	印度	40.08	
17	白俄罗斯	70.82		49	巴勒斯坦	36.75	
18	阿联酋	68.36		50	柬埔寨	35.79	
19	沙特阿拉伯	64.74		51	吉尔吉斯斯坦	35.14	
20	马来西亚	64.38		52	土库曼斯坦	33.76	
21	科威特	63.74		53	东帝汶	33.74	
22	黎巴嫩	61.39		54	巴基斯坦	33.01	
23	卡塔尔	60.73		55	尼泊尔	31.84	
24	乌克兰	60.29		56	伊拉克	28.89	较低
25	摩尔多瓦	59.76		57	孟加拉国	28.51	
26	泰国	59.14		58	乌兹别克斯坦	28.40	
27	马其顿	57.41		59	缅甸	24.74	
28	土耳其	54.88	中等	60	叙利亚	24.39	
29	哈萨克斯坦	54.83		61	也门	23.89	
30	阿曼	54.73		62	塔吉克斯坦	22.11	
31	菲律宾	53.94		63	老挝	21.60	
32	格鲁吉亚	53.86		64	阿富汗	15.01	低
平均分				53.09			中等

从地域分布来看，B&R-IDI处于"较高"及以上水平（60—100分）的国家有24个，主要分布在中东欧和西亚北非等地区（见图2）。中东欧19国信息化发展水平整体较高，平均得分为68.60；西亚北非20国间发展差距最大，极差为74.74，其次是东南亚国家；南亚7国信息化发展水平普遍滞后，极差最小，为14.88，其中，马尔代夫得分（43.39）最高，但仍低于沿线64国的平均水平（53.09）（见图3）。

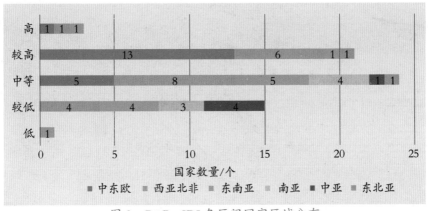

图2　B&R-IDI各区间国家区域分布

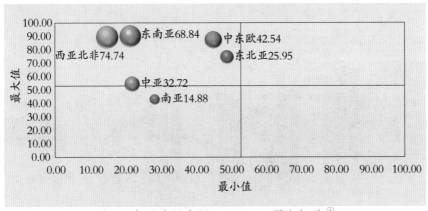

图3　各区域国家间B&R-IDI得分极差[①]

---

① 气泡大小代表极差，气泡越大，区域内国家间得分的极差越大，国家信息化发展水平差距越大。

　　从3个一级指标来看，沿线各国在ICT产业出口方面差距较大，ICT基础和ICT应用方面相对均衡（见图4）。中东欧地区在ICT基础、应用和产业方面得分均最高。东南亚、南亚地区国家信息化基础和应用相对落后，但信息产业出口优势显著。中亚地区国家信息化基础和应用落后，信息产业出口水平较低，信息化基础设施建设需求巨大（见图5）。

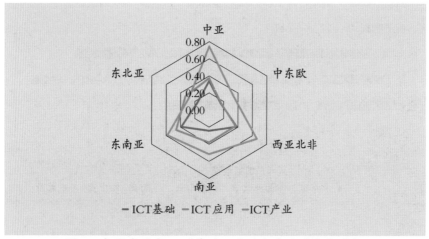

图4　各区域国家ICT基础、应用和产业的离散系数

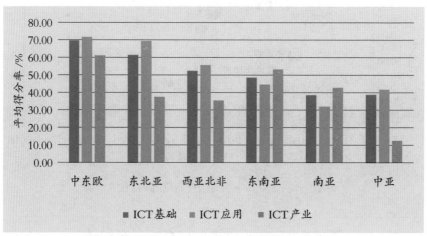

图5　各区域B&R-IDI一级指标平均得分率

新加坡、以色列在 ICT 基础、应用、产业方面均表现出色。"一带一路"沿线国家 ICT 基础平均得分为 21.90（满分为 40.00），排名前五的国家依次是以色列、新加坡、立陶宛、沙特阿拉伯、爱沙尼亚。ICT 应用平均得分为 22.15（满分为 40.00），新加坡、爱沙尼亚、以色列、俄罗斯、克罗地亚位居前五。ICT 产业平均得分为 9.04（满分为 20.00），排名前五的国家依次是菲律宾、以色列、新加坡、捷克、斯洛伐克（见图 6）。

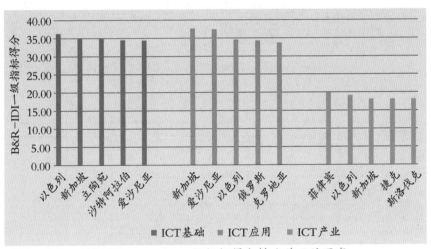

图 6　B&R-IDI 一级指标得分排名前五的国家

三、分项结论

（一）信息化发展水平与人均 GDP 之间呈现显著正相关

29.69% 的沿线国家人均 GDP 在 10 000 美元以上（见图 7），高于世界平均水平，其中，卡塔尔、新加坡、阿联酋、以色列、文莱位列前五。阿富汗、尼泊尔、塔吉克斯坦人均 GDP 不足 1000 美元。沿线国家间经济发展水平不均衡，卡塔尔人均 GDP 是阿富汗的 124 倍。测算结果表明，随着人均 GDP 的提升，信息化发展水平也有所提高。

同时，在人均 GDP 水平较低时，经济增长对信息化发展的拉动作用较大；随着人均 GDP 的不断提升，经济增长对信息化发展的拉动作用将会相对减弱（见图 8）

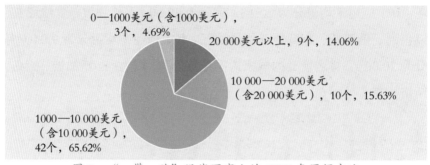

图 7　"一带一路"沿线国家人均 GDP 各区间占比

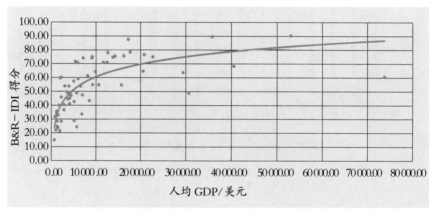

图 8　信息化发展水平与人均 GDP 的相关性

（二）中东欧地区高等教育入学率较高，为其信息化发展奠定了人才和应用基础

48.44% 的沿线国家高等教育入学率在 40.00% 以上，其中，有超过一半的国家来自中东欧地区（见图 9）；白俄罗斯、斯洛文尼亚、乌克兰的高等教育入学率均超过 80.00%。高等教育入学率在 40.00% 以下的国家中，84.85% 的国家 B&R-IDI 得分在 60 分以下；

高等教育入学率在 40.00% 以上的国家中，61.29% 的国家 B&R-IDI 得分在 60 分以上；高等教育的普及有助于推进信息化发展。

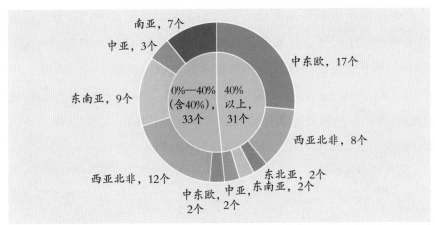

图 9　"一带一路"沿线国家高等教育入学率各区间占比及地域分布情况

（三）沿线国家可提供的宽带接入速度有待提高

根据国际电信联盟 2015 年数据，发达国家大部分入门级固定宽带速度维持在 5Mbit/s，发展中国家为 1Mbit/s。测评结果显示，42.19% 的国家提供的宽带接入速度小于或等于 1Mbit/s（见图 10）；新加坡速度最快，达 200Mbit/s，其次为立陶宛、罗马尼亚，达 100Mbit/s；阿富汗、孟加拉国等国家可提供的宽带速度最慢，仅有 0.25Mbit/s，宽带速度有待进一步提高。

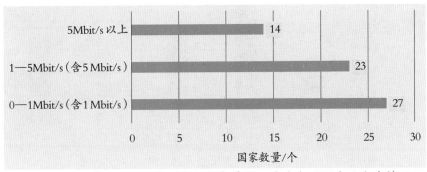

图 10　"一带一路"沿线国家提供宽带接入速度各区间占比分布情况

（四）移动电话用户高速增长，移动电话成主要通信工具

自 2007 年起，沿线国家移动电话用户保持高速增长态势，其中中亚地区国家增长最为明显（见图 11）。沿线国家平均移动电话普及率高达 121.35%，远高于平均固定电话普及率（16.07%）（见图 12），其中固定电话普及率相对较高的是白俄罗斯（49.04%）、以色列（43.08%）；55 个国家的移动电话普及率高于 80.00%，科威特和马尔代夫的移动电话普及率分别高达 231.76%、206.66%。

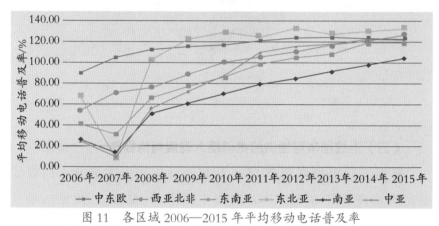

图 11 各区域 2006—2015 年平均移动电话普及率

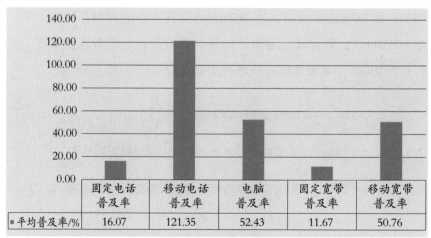

	固定电话普及率	移动电话普及率	电脑普及率	固定宽带普及率	移动宽带普及率
平均普及率/%	16.07	121.35	52.43	11.67	50.76

图 12 "一带一路"沿线国家信息基础设施应用普及情况

（五）移动宽带发展滞后于移动电话发展

测评发现，64 个国家的固定宽带普及率普遍较低，平均仅为 11.67%，普及率相对较高的国家是白俄罗斯（31.36%）、爱沙尼亚（30.00%）。相比而言，"一带一路"沿线国家平均移动宽带普及率（50.76%）远高于平均固定宽带普及率（见图 12、图 13）。新加坡、科威特、巴林、爱沙尼亚、沙特阿拉伯的移动宽带普及率均在 100.00% 以上。与高速增长的移动电话用户相比，移动宽带发展相对滞后，在移动电话普及率高于 100.00% 的国家中，仅有 20.00% 的国家移动宽带普及率高于 80.00%（见图 14）。

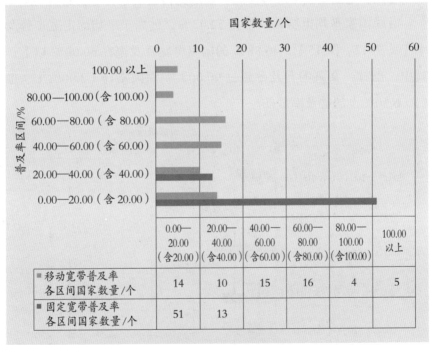

图 13　移动宽带普及率和固定宽带普及率各区间分布对比情况

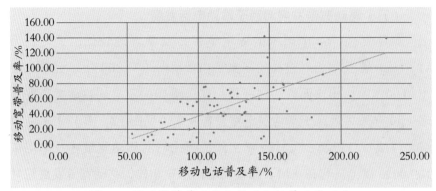

图 14　移动宽带普及率和移动电话普及率对比

（六）电脑普及率总体较高，固定宽带普及率相对较低

沿线国家平均电脑普及率为 52.43％，远高于平均固定宽带普及率（见图 12、图 15），46.88％ 的国家电脑普及率在 60.00％ 以上；其中，巴林、文莱的普及率超过 90.00％，而阿富汗（2.90％）、也门（6.50％）的普及率最低。

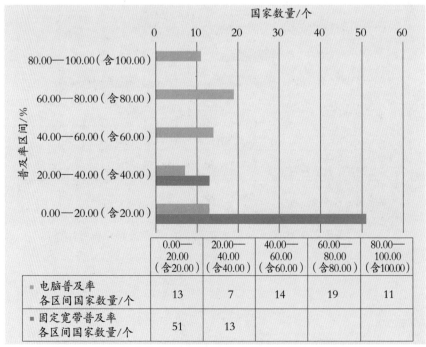

	0.00—20.00（含20.00）	20.00—40.00（含40.00）	40.00—60.00（含60.00）	60.00—80.00（含80.00）	80.00—100.00（含100.00）
■ 电脑普及率各区间国家数量/个	13	7	14	19	11
■ 固定宽带普及率各区间国家数量/个	51	13			

图 15　电脑普及率和固定宽带普及率各区间分布对比情况

（七）沿线国家 ICT 出口贸易普遍较低，但东南亚国家 ICT 产品出口优势较为明显

测评发现，在 ICT 产品出口占比方面，世界 ICT 产品出口占比达 11.09%，仅有 12 个沿线国家（18.75%）高于世界水平（见图16）。其中，东南亚国家 ICT 产品出口占比较高，平均出口比例为 15.39%，菲律宾、新加坡、马来西亚、越南、泰国名列前五。在 ICT 服务出口占比方面，世界 ICT 服务出口占比达 31.40%，有 7 个沿线国家（10.94%）高于世界水平，其中，菲律宾、印度、以色列、科威特、罗马尼亚的 ICT 服务出口占比最高。

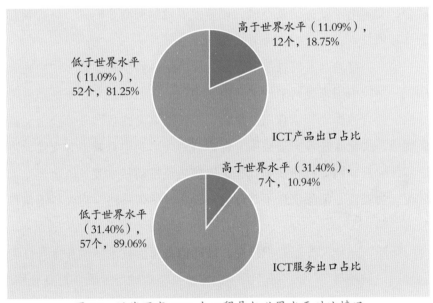

图16 沿线国家 ICT 出口贸易与世界水平对比情况

四、对策建议

第一，强化与沿线国家政策沟通，切实推进信息基础设施互联互通，共建网上丝绸之路。加强与沿线国家的沟通磋商，积极推进与"一

带一路"沿线国家签署促进信息互联互通的相关规划文件，推动信息化发展规划、技术标准体系对接，共同推进海底光缆和跨境陆地光缆建设，优化国际通信网络布局，加强网上丝绸之路建设，提高国际信息互联互通水平。

第二，积极发展跨境电商，培育数字贸易新业态，助推贸易畅通。积极推进与沿线国家搭建电子商务综合服务平台，规范互联网金融发展，共建健康持续的电子商务生态系统；加强规划国内重点区域跨境电子商务综合试验区建设，培育跨境电子商务产业聚集区，打造与国际市场流通对接的优质渠道；鼓励国内企业与境外电子商务企业强强联合，交流电子商务运营经验，创新发展机制和商业模式，培育贸易合作新增长点。

第三，打造网上信息服务平台，促进信息共享和交流。加快建设中国—阿拉伯国家等网上丝绸之路、中国—东盟信息港、全球"一带一路"综合数据库等信息服务平台，广泛汇聚沿线各国政治经济、商贸物流、文化旅游等海量数据，促进与沿线国家信息共享和交流，进一步深化互联网经贸和技术合作，以信息流带动技术流、资金流、人才流、物资流，消除信息不对称壁垒，为"一带一路"建设打通信息畅通之路。

第四，充分发挥地方积极性，推动信息通信技术领域务实合作。鼓励国内城市与"一带一路"沿线国家重要节点城市开展点对点合作，建立网上丝绸之路经济合作试验区，推动双方在信息基础设施、智慧城市、电子商务、远程医疗、"互联网+"等领域开展深度合作，促进跨境互联网经济的繁荣发展，共建数字丝绸之路。

一带一路

下篇　重点专题

"一带一路"提出四年来互联网
关注情况 *

"一带一路"倡议提出近四年来，受到国际社会高度关注。国内外媒体和网民对"一带一路"积极态度不断提升。欧美、日韩和南亚国家对"一带一路"最关注，马来西亚、白俄罗斯、埃及、印度等关注热度明显提升；国内媒体和网民最关注美国、俄罗斯、日本、印度等，对捷克、伊朗、埃及、波兰等关注度大幅提高。国外媒体和网民讨论内容呈现由浅入深、由理念到实务的趋势，项目合作、建设成果等成为新的讨论热点。

一、国外媒体和网民对"一带一路"倡议的关注情况

（一）关注热度不断提升

"一带一路"倡议提出以来，受到国外媒体和网民的持续高度关注（见图1），关注热度①总体呈现上升趋势。2015年3月《愿景与行动》发布后，国外媒体和网民对"一带一路"的关注明显升温，此后一直保持较高关注热度。

---

* 本报告数据来源：2013年9月7日—2017年1月31日，国内外主要新闻网站、社交媒体、论坛等互联网渠道中与"一带一路"话题相关的数据993.02亿条。

① 关注热度是指以媒体发文量、转载量、网民发帖量、转发量、评论量等数据为基础，旨在反映监测期间互联网对特定话题关注度变化的综合性指数，最高值为100，最低值为0。

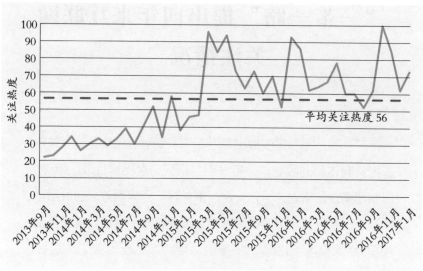

图1　国外媒体和网民对"一带一路"倡议的关注趋势

（二）欧美、日韩和南亚国家对"一带一路"最为关注，马来西亚、白俄罗斯、埃及等关注热度明显提升

从国外媒体和网民对"一带一路"倡议的关注分布看，欧美、日韩和南亚国家的关注热度相对较高。从具体国家看，美国、英国、印度、韩国和俄罗斯的关注热度排在前五，在关注热度排名前50的国家中，有21个是"一带一路"沿线国家。2016年，马来西亚、白俄罗斯、埃及、印度、捷克等国媒体和网民对"一带一路"的关注排名有所提升，而新加坡、土耳其、印度尼西亚等国家的关注则有所下降（见表1）。

表1　各国对"一带一路"的关注热度排名变化情况

2013—2016年排名	国家	较2013—2015年排名	2013—2016年排名	国家	较2013—2015年排名
1	美国	—	5	俄罗斯	↑2
2	英国	—	6	加拿大	↑2
3	印度	↑3	7	马来西亚	↑4
4	韩国	—	8	日本	↑1

（续表）

2013—2016年排名	国家	较2013—2015年排名	2013—2016年排名	国家	较2013—2015年排名
9	新加坡	↓4	30	丹麦	↓1
10	澳大利亚	↓7	31	土耳其	↓5
11	波兰	↓1	32	以色列	↓1
12	德国	↑1	33	奥地利	↓1
13	新西兰	↑2	34	阿联酋	↑1
14	菲律宾	—	35	意大利	↑2
15	西班牙	↑2	36	芬兰	↓2
16	印度尼西亚	↓4	37	比利时	↓1
17	法国	↓1	38	伊朗	↑1
18	爱尔兰	—	39	巴西	↑1
19	哈萨克斯坦	—	40	葡萄牙	↓2
20	巴基斯坦	↑2	41	乌克兰	—
21	越南	↑2	42	阿根廷	—
22	泰国	↓2	43	墨西哥	—
23	荷兰	↑1	44	埃及	↑4
24	捷克	↑3	45	希腊	↓1
25	挪威	↓4	46	尼日利亚	↓1
26	瑞典	↓1	47	黎巴嫩	↓1
27	瑞士	↑3	48	哥伦比亚	↓1
28	罗马尼亚	—	49	委内瑞拉	—
29	白俄罗斯	↑4	50	毛里求斯	—

注：红色为"一带一路"沿线国家。

（三）积极情绪占比持续提高，中东欧和西亚北非国家提高明显

国外媒体和网民认为"一带一路"有助于加强各国的互联互通，加速商品和资本的自由流动，促进地区一体化发展，将为全球发展注入新动力。总体而言，近四年来，国外媒体和网民对"一带一路"倡议的积极情绪占比持续提高，由2013年的16.50%提高到2016年的23.42%（见图2），其中"一带一路"沿线国家的积极情绪上升明显，尤其是以塞尔维亚和克罗地亚为代表的中东欧国家以及卡塔尔、埃及

等西亚北非国家，其对"一带一路"表现出浓厚兴趣，例如塞尔维亚网民认为中国有可能凭借"一带一路"倡议成为多瑙河—莫拉瓦河—瓦尔达尔河—索伦运河工程的"圆梦人"；埃及网民认为"一带一路"联通亚欧非，不同大小的国家都可以参与进来，符合欠发达地区的发展需要。但也有部分国外媒体和网民持消极态度，主要分布在美国、日本、印度和东盟地区，认为中国的"一带一路"会导致其影响力的式微，影响本国发展。

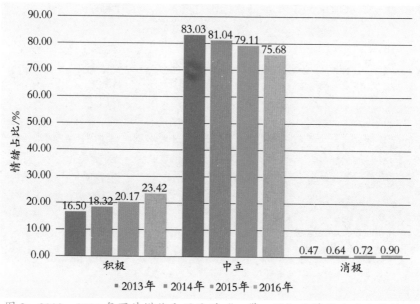

图 2　2013—2016 年国外媒体和网民对"一带一路"的情绪占比变化情况

（四）讨论内容呈现由浅入深、由理念到实务的趋势，项目合作、建设成果等成新讨论热点

随着"一带一路"建设的不断推进，国外媒体和网民对"一带一路"的讨论话题呈现由浅入深、由理念到实务的变化趋势，这一特征在 2015—2016 年表现更为明显，特别是 2016 年项目合作、"一带一路"成果、企业合作等成为新的关注热点（见表 2），而对"一带

一路"战略意图的解读与讨论逐步减少。

表2 2013—2016年国外媒体和网民对"一带一路"倡议讨论话题

关注排名	主要关注话题			
	2013 年	2014 年	2015 年	2016 年
1	"一带一路"影响	国家利益	各国合作	各国合作
2	各国贸易	各国合作	各国关系	国家关系
3	促进中国发展	基础设施建设	战略对接	项目合作
4	"一带一路"机遇	各国贸易	"一带一路"影响	"一带一路"影响
5	—	"一带一路"影响	"一带一路"机遇	"一带一路"成果
6	—	—	国家利益	战略对接
7	—	—	能源合作	国家利益
8	—	—	基础设施建设	企业合作
9	—	—	—	基础设施建设

（五）对广东、江苏、四川、河南、重庆等地最为关注

在国外媒体和网民关注的国内省区市中，广东、江苏、四川、河南、重庆等地的关注热度较高（见图3），其中对浙江、上海、北京、广东和重庆的积极评价较高（见表3）。从2015—2016年的关注热度变化情况看，对浙江、福建和广西的关注热度有所提升（见表4）。

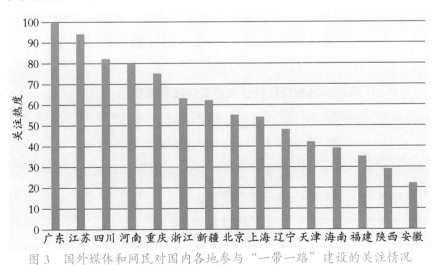

图3 国外媒体和网民对国内各地参与"一带一路"建设的关注情况

表3 国外媒体和网民对国内各地参与"一带一路"建设的积极情绪占比

排名	省/自治区/直辖市	积极情绪占比/%	排名	省/自治区/直辖市	积极情绪占比/%
1	浙江	23.65	9	福建	22.45
2	上海	23.14	10	江苏	22.06
3	北京	23.13	11	安徽	21.97
4	广东	22.96	12	天津	21.65
5	重庆	22.84	13	四川	21.28
6	海南	22.72	14	新疆	20.97
7	河南	22.69	15	辽宁	20.36
8	陕西	22.66	—	—	—

表4 2015—2016年国外媒体和网民对国内各地关注热度排名

关注热度排名	2015年	2016年	关注热度排名	2015年	2016年
1	北京	北京	9	浙江	新疆
2	上海	上海	10	辽宁	辽宁
3	广东	广东	11	天津	大津
4	江苏	江苏	12	陕西	海南
5	新疆	四川	13	海南	福建
6	四川	浙江	14	安徽	陕西
7	河南	重庆	15	福建	广西
8	重庆	河南	—	—	—

二、国内媒体和网民对"一带一路"倡议的关注情况

（一）国内媒体和网民持续高度关注和积极响应

从对"一带一路"的关注看，近四年来，国内媒体和网民对"一带一路""丝绸之路经济带"和"21世纪海上丝绸之路"三个关键词的提及量达到了827万次，且关注度居高不下。从网民情绪看，近九成媒体和网民对"一带一路"持积极态度，认为"一带一路"由倡议发展成实践，顶层设计和各领域规划不断明朗和完善，各省区市对接积极性高，并得到沿线国家和国际社会的广泛认可，已经成为国内

外的普遍共识。

从情绪占比变化看，2013—2016 年间，媒体和网民的情绪逐渐稳定且近三年积极情绪处于上升趋势（见图 4）。2016 年媒体和网民积极情绪占比为 88.83％，而中立和消极情绪占比有所下降，媒体和网民认为 2016 年是"一带一路"各项目的落实之年，早期项目不断落地，"一带一路"发展利好条件逐渐成熟，发展潜力持续增强。

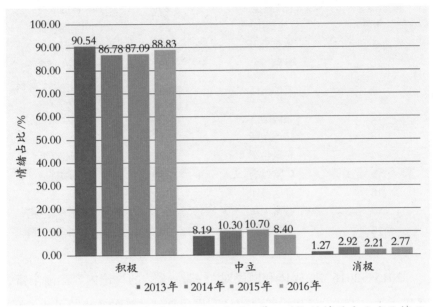

图 4 2013—2016 年国内媒体和网民对"一带一路"的情绪占比变化情况

（二）最关注自贸区建设、互联互通、基础设施建设等内容

"一带一路"倡议提出近四年来，最受国内媒体和网民关注的内容主要有（见表 5）：自贸区建设，包括与沿线国家的自贸区谈判和国内自贸区与"一带一路"倡议的对接建设；互联互通，包括基础设施、经贸、文化等方面与沿线国家的相互联动；亚投行和丝路基金等对"一带一路"的支撑；六大经济走廊特别是中巴经济走廊、中蒙俄经济走廊的建设进展。

表 5 2013—2016 年国内媒体和网民关注热点总体情况

排名	关注热词	排名	关注热词
1	自贸区	19	人民币国际化
2	互联互通	20	TPP
3	基础设施建设	21	战略对接
4	亚投行	22	能源合作
5	经济走廊	23	全球治理
6	命运共同体	24	资金融通
7	民心相通	25	设施联通
8	全球化	26	早期收获
9	人文交流	27	三方合作
10	丝路基金	28	G20 峰会
11	产能合作	29	"一带一路"建设工作座谈会
12	金砖国家	30	绿色丝绸之路
13	协调发展	31	境外经贸合作区
14	金融合作	32	标志性项目
15	中欧班列	33	风险挑战
16	顶层设计	34	和平丝绸之路
17	政策沟通	35	健康丝绸之路
18	贸易畅通	36	智力丝绸之路

2013—2016 年，媒体和网民对"一带一路"的讨论内容逐渐丰富，互联互通、基础设施建设等是媒体和网民持续关注的重点（见表6），从 2015 年开始，"加强'一带一路'与自贸区的对接"开始进入媒体和网民的讨论范围。此外，2016 年媒体和网民对产能合作、全球化、全球治理和战略对接等热词的关注度明显上升。

表 6 2013—2016 年国内媒体和网民关注热点变化情况

关注排名	2013 年	2014 年	2015 年	2016 年
1	丝绸之路经济带	互联互通	自贸区	自贸区
2	海上丝绸之路	基础设施建设	互联互通	互联互通
3	互联互通	经贸合作	亚投行	基础设施建设

（续表）

关注排名	2013 年	2014 年	2015 年	2016 年
4	中国梦	经济走廊	基础设施建设	产能合作
5	开放新格局	互利共赢	经济走廊	经济走廊
6	经济走廊	亚投行	命运共同体	全球化
7	互利共赢	丝路基金	丝路基金	命运共同体
8	新机遇	顶层设计	民心相通	民心相通
9	—	文化交流	金砖国家	亚投行
10	—	战略意义	全球化	人文交流
11	—	新机遇	人文交流	中欧班列
12	—	全球化	产能合作	金砖国家
13	—	—	金融合作	丝路基金
14	—	—	TPP	协调发展
15	—	—	政策沟通	战略对接
16	—	—	顶层设计	全球治理
17	—	—	协调发展	金融合作
18	—	—	人民币国际化	顶层设计
19	—	—	贸易畅通	政策沟通
20	—	—	中欧班列	贸易畅通

（三）对美国、俄罗斯、日本、印度等最为关注，对捷克、伊朗、埃及等关注度大幅提高

近四年来，国内媒体和网民对俄罗斯、印度、哈萨克斯坦等沿线国家以及美国、日本、德国、韩国等非沿线国家关注度相对较高。分析发现，我国媒体和网民所关注的国家可分为三类：一是"一带一路"沿线可能开展合作的国家，媒体和网民主要关注我国在沿线国家的合作进展情况，并建议与俄罗斯、印度和哈萨克斯坦等国家相关战略做好对接，以达成共建共享共赢的倡议目标；二是美国、日本等与"一带一路"存在竞争的国家，媒体和网民认为受大国关系和历史因素等影响，其对华政策和外交新政有可能影响"一带一路"的推进，应该谨慎探讨双方在倡议框架下合作的可能性；三是德国、英国、法国、

澳大利亚等存在互惠互利的国家,媒体和网民认为这些国家虽不是"一带一路"沿线国家,但其与我国经济互补性强,且对"一带一路"倡议态度积极,未来与我国共同开发"一带一路"沿线第三方市场的潜力较大,可进一步加强战略对接,寻找契合点。

2015—2016 年,美国、俄罗斯、日本、印度等国始终最受我国媒体和网民关注(见表 7),而对捷克、伊朗、埃及、波兰、乌兹别克斯坦、柬埔寨、塞尔维亚等国家关注度排名提升明显,对巴基斯坦、乌克兰、泰国、马来西亚等国的关注度则有不同程度的降低。

表 7　2015—2016 年国内媒体和网民对海外国家的关注

排名	2015 年	2016 年	排名	2015 年	2016 年
1	美国	美国	16	越南	柬埔寨
2	俄罗斯	俄罗斯	17	伊朗	马来西亚
3	日本	印度	18	法国	泰国
4	印度	捷克	19	缅甸	韩国
5	巴基斯坦	日本	20	土耳其	越南
6	哈萨克斯坦	伊朗	21	斯里兰卡	塞尔维亚
7	泰国	哈萨克斯坦	22	澳大利亚	菲律宾
8	蒙古国	蒙古国	23	伊拉克	法国
9	乌克兰	埃及	24	波兰	老挝
10	新加坡	德国	25	阿富汗	澳大利亚
11	马来西亚	巴基斯坦	26	柬埔寨	缅甸
12	白俄罗斯	英国	27	菲律宾	土耳其
13	英国	波兰	28	老挝	斯里兰卡
14	韩国	乌兹别克斯坦	29	意大利	吉尔吉斯斯坦
15	德国	新加坡	30	吉尔吉斯斯坦	白俄罗斯

注:红色为关注度明显提升国家。

(四)对新疆、上海、北京、福建、广东等地最为关注,对陕西、四川、河南的关注度提升明显

国内媒体和网民对新疆、福建、重庆、陕西、甘肃和广东等省区

市的参与关注度较高，其中大部分省区市被认为是《愿景与行动》等规划方案中提及的重要枢纽与节点。从 2015—2016 年的关注变化看，媒体和网民对新疆给予持续的高度关注（见表 8），对陕西、四川、河南的关注度有所提升。

表 8　2015—2016 年国内媒体和网民最关注的省 / 自治区 / 直辖市

排名	2015 年	2016 年	排名	2015 年	2016 年
1	新疆	新疆	9	陕西	广西
2	上海	上海	10	广西	海南
3	北京	北京	11	天津	四川
4	福建	福建	12	浙江	浙江
5	广东	重庆	13	四川	河南
6	海南	陕西	14	宁夏	天津
7	甘肃	甘肃	15	云南	宁夏
8	重庆	广东	—	—	—

三、专家建议

"一带一路"建设从无到有、由点及面，取得长足进展，已形成各国共商共建共享的合作局面。为继续深入推进"一带一路"建设，专家建议：

第一，继续研究出台具体领域参与"一带一路"建设的实施方案，加强对其他国家相关战略的研究和具体对接。一是在《愿景与行动》等顶层设计指导下，推进"一带一路"具体行业领域的规划方案出台，指导各领域更有针对性地参与"一带一路"建设；二是加强对其他国家特别是沿线国家相关战略的研究，挖掘双多边合作契合点，共同编制合作框架和规划，开展多层次宽领域的务实合作。

第二，鼓励国内各地积极参与，发挥自身特色和优势，做好规划协调。继续提高地方参与"一带一路"建设的积极性，同时引导地方正确看待"一带一路"释放的发展红利；鼓励各地根据对接方案，发挥自身特色和优势，扎实推进"一带一路"建设；协调国内各地对"一带一路"的具体规划和参与，统筹安排、科学规划具有发展共性的地方相互合作、互利共赢。

第三，推动智库、高校等积极参与，强化"一带一路"研究，着力打造"智力丝绸之路"。重视各类智库、高校和民间机构的参与，充分发挥其在对外交流、咨政献言、理论创新、舆论引导等方面的作用；鼓励智库等机构"走出去"，推动国际交流和政策沟通，通过对"一带一路"倡议和沿线国家的研究，提供操作性强的建议和方案，并不断提升其可行性研究成果的转化。

第四，支持开展多样化对外交流活动，释疑解惑、强化共识。一是继续开展多领域文化交流活动，促进国内外的相互理解，消弭隔阂，夯实民心基础；二是利用大数据分析等多种技术，更全面地了解各个国家对"一带一路"的关注和评价，及时根据舆情做出预判，做好针对性的舆论宣传工作。

"一带一路"国际合作高峰论坛互联网关注情况 [*]

"一带一路"国际合作高峰论坛引全球瞩目，各大媒体争相报道，国外媒体发文量和网民浏览量近百万，媒体和网民积极情绪不断提升，召开期间达到最高点（40.12%）。美国、印度、俄罗斯、马来西亚和英国等对此次论坛高度关注。"国际合作、共同利益、自由贸易、繁荣之路"等成国外媒体和网民讨论的高频词汇。国内各大媒体也以多种形式展现论坛盛况，讨论话题丰富多样，论坛成果清单、习近平开幕式演讲等受热议。

一、国外媒体和网民对论坛的关注情况

（一）高度关注论坛，媒体发文量、论坛视频浏览量近百万

2017 年 5 月 14 日、15 日，"一带一路"国际合作高峰论坛吸引全球媒体和网民的积极报道和关注。5 月 13—16 日期间，国外媒体相关发文量共计 236 508 篇、网民 YouTube 视频浏览量共计 624 114 人次（见图 1），并分别在 5 月 14 日、15 日达到高峰。

---

* 本报告数据来源：2017 年 5 月 13 日—2017 年 5 月 16 日，国内外主要新闻网站、社交媒体、论坛等互联网渠道中与"一带一路"国际合作高峰论坛相关的数据 1003 万条。

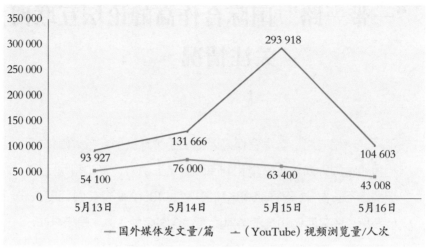

图1 2017年5月13—16日国外媒体和网民对论坛的关注趋势

（二）40.12%的国外媒体和网民对论坛态度积极，认为"一带一路"传承古丝绸之路的和平与共赢精神，将成为"世纪之路"

2017年5月13—16日，国外媒体和网民的积极情绪占比达40.12%，尤其对中国国家主席习近平在论坛开幕式演讲中提到的丝路精神和中国式全球化框架表示赞赏，各国网民积极支持本国领导人和代表参与论坛，认为"一带一路"倡议契合本国经济发展战略，该论坛将有助于创建全世界最大的经济合作平台，推动生产要素的全球自由流动和配置。美国布鲁金斯学会专家认为，特朗普政府派高级官员出席"一带一路"国际合作高峰论坛，是美国政府增进两国关系的信号，美国已经意识到中国"一带一路"倡议将成为西方国家寻求拓展市场的新途径。

比较发现，2017年1—5月，国外媒体和网民对"一带一路"国际合作高峰论坛积极情绪占比不断攀升（见图2），而中立情绪、消极情绪占比则趋向降低。

146

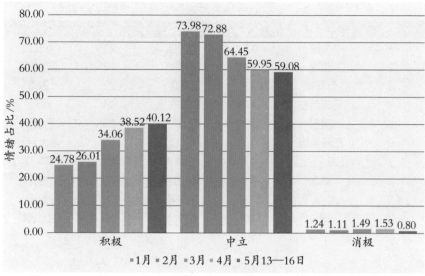

图2　2017年1—5月国外媒体和网民对论坛的情绪占比变化情况

（三）美国、印度、俄罗斯、马来西亚、英国等对论坛最为关注，肯尼亚、越南、西班牙、俄罗斯积极情绪占比最高

从关注国家看，美国、印度、俄罗斯、马来西亚、英国的媒体和网民最关注"一带一路"国际合作高峰论坛（见表1）。从主要国家的关注内容看，各国均认为该论坛的召开标志着"一带一路"倡议正在全球顺利展开，论坛召开的目的在于获得更多的国际支持，提高中国的全球影响力，凸显中国在全球化中日益增长的领导地位。

在参会29个国家范围内，肯尼亚媒体和网民对论坛的积极情绪占比最高（见图3），达24.09%，其次是越南、西班牙、俄罗斯媒体和网民。肯尼亚总统肯雅塔认为，中国"一带一路"倡议帮助非洲改善铁路、公路、港口等基础设施的建设，有助于增加肯尼亚与东非、非洲大陆以及其他地区的贸易和投资，推动非洲一体化进程，带动非洲国家经济发展。

表1 最关注"一带一路"国际合作高峰论坛的海外国家

排名	国家	排名	国家	排名	国家
1	美国	11	巴西	21	阿联酋
2	印度	12	匈牙利	22	孟加拉国
3	俄罗斯	13	希腊	23	日本
4	马来西亚	14	尼日利亚	24	伊朗
5	英国	15	爱尔兰	25	西班牙
6	巴基斯坦	16	法国	26	澳大利亚
7	印度尼西亚	17	加拿大	27	肯尼亚
8	德国	18	新加坡	28	韩国
9	菲律宾	19	越南	29	泰国
10	荷兰	20	意大利	30	土耳其

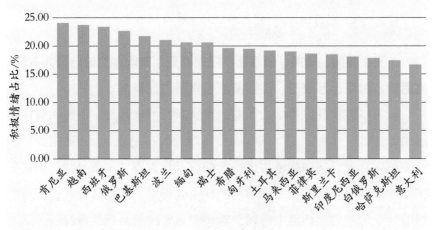

图3 参会国家媒体和网民的积极情绪占比

（四）"国际合作、共同利益、自由贸易、繁荣之路"成为关注热词，双边合作领域、丝路基金增资1000亿元等话题讨论较多

从国外媒体和网民的讨论热词看，"国际合作、共同利益、自由贸易、繁荣之路"等成为讨论的高频词汇（见图4）；在六场平行论坛中，"资金融通"关注度最高，其次为"民心相通"和"政策沟通"。

图4 国外媒体和网民对"一带一路"国际合作高峰论坛关注热词词云

从具体讨论话题看，各国媒体和网民对本国与中国达成的对接协议规划等给予高度关注，如何理性、谨慎参与"一带一路"倡议成为讨论的焦点。各国的合作诉求包括五大方面：期待"一带一路"倡议与本国战略规划的对接，推动本区域的经济和社会发展，如马来西亚、印度尼西亚、菲律宾等；希望获得中国在基础设施领域的资金支持，加强双边人文交流，如匈牙利、希腊、西班牙、肯尼亚等；希望借鉴中国脱贫、改革等成功经验，并欢迎中国企业加大在本国的投资力度，通过项目转让先进技术，如越南等；期望发挥本国的地理、港口等优势，加强与其他国家的联系，如意大利、土耳其、斯里兰卡等；希望通过参与此次论坛，深化双边具体领域的合作，如瑞士、英国、俄罗斯等。

中国为丝路基金增资1000亿元人民币也成为各大媒体争相报道的热门话题，如美国联合通讯社、英国广播公司、新加坡《联合早报》、瑞典《工业日报》等赞扬中国为"一带一路"的资金融通做出巨大贡献。另外，"一带一路"对新型全球化的推动，"一带一路"国际合作高峰论坛对中美、中俄、中印关系的影响等话题讨论热度也较高。如英国皇家国际事务研究所专家认为在当前地缘局势紧张、贸易保护主义盛行的背景下，"一带一路"倡议旨在密切中国与亚洲、欧洲、非洲的经贸联系，论坛的召开明晰了未来"一带一路"发展趋势以及各国政府、国际组织、投资企业等在其中的定位。

二、国内媒体和网民对论坛的关注情况

（一）论坛引起国内媒体持续报道和网民热烈讨论

"一带一路"国际合作高峰论坛举世瞩目，国内各类媒体相继开设专栏、推出专题，对论坛进行持续报道和解读。中国一带一路网对论坛进行持续跟踪，中央电视台围绕论坛开设《复兴丝路》等系列特别节目，人民日报、新华社等国内各大主流媒体均在头版开设论坛的专题报道，以多种形式展现论坛的相关内容。

在网民关注方面，2017年5月13—16日，国内网民对论坛的总提及量高达46万次，且在5月15日论坛第二天达到最高峰（见图5）。从具体传播渠道看，截至5月16日，微博关于论坛的搜索结果达到180 320条；微信相关搜索结果达到16 388条。微指数显示，关注论坛的男女比例基本一致，男性比例略高，年龄多集中在25—34岁，网民纷纷用"举世瞩目、盛会、最高规格"等词形容此次论坛。

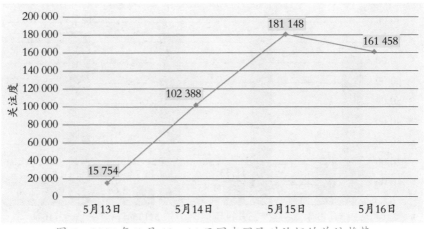

图 5　2017 年 5 月 13—16 日国内网民对论坛的关注趋势

（二）国内媒体和网民对论坛给予高度评价，超八成持积极态度

从国内媒体和网民对论坛的态度看，83.75% 积极支持（见图 6），认为：第一，论坛从历史、现实对近四年来"一带一路"建设进行总结，各方达成的五项重要共识进一步明晰了未来发展方向；第二，论坛的举办深化了我国与有关国家的合作，达成 76 大项、270 多项具体成果，成为推动项目落地的重要平台；第三，联合国、世界银行等国际组织以及众多国家积极参与，共商解决当前经济发展问题的对策，中国有望引领新型经济全球化发展；第四，论坛的举办推动更多中国企业参与"一带一路"建设，为其带来难能可贵的历史机遇。

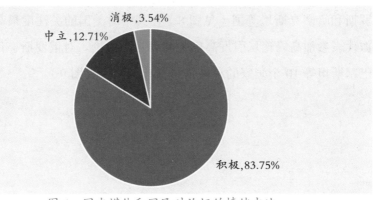

图 6　国内媒体和网民对论坛的情绪占比

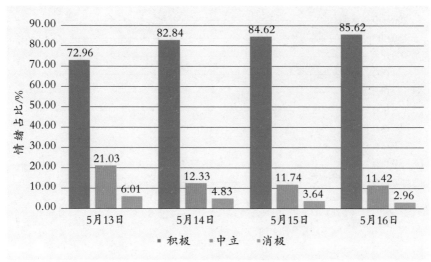

图 7　2017 年 5 月 13—16 日国内媒体和网民对论坛的情绪占比变化情况

从媒体和网民情绪变化看，积极情绪占比持续提升（见图 7），2017 年 5 月 16 日媒体和网民积极情绪较 5 月 13 日提升 12.66 个百分点，媒体和网民对论坛闭幕时发布的联合公报和成果清单给予积极评价，期待成果清单和项目落地。

（三）美国、韩国、巴基斯坦、俄罗斯和哈萨克斯坦等最受国内媒体和网民关注，对俄罗斯、匈牙利和巴基斯坦的积极情绪占比较高

从关注国家看，媒体和网民较为关注美国、韩国、巴基斯坦、俄罗斯和哈萨克斯坦等国（见图 8），其中对美国的关注度最高，美国派代表参加高峰论坛引发高度关注和热烈讨论。对俄罗斯、匈牙利和巴基斯坦等 10 个国家的积极情绪占比较高（见图 9）。

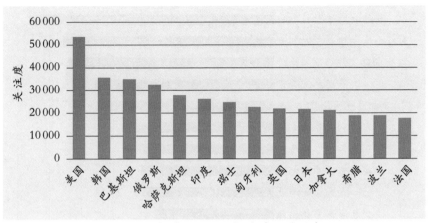

图 8　国内媒体和网民较为关注的国家

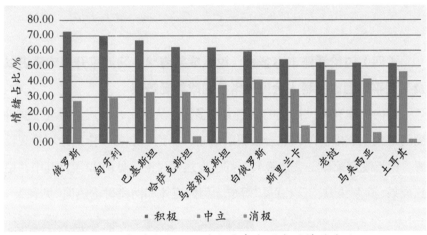

图 9　国内媒体和网民对主要参会国家的情绪占比

　　从国内媒体和网民对参会 29 个国家元首 / 政府首脑的关注看，菲律宾总统杜特尔特、时任巴基斯坦总理谢里夫、瑞士联邦主席洛伊特哈德、俄罗斯总统普京等受到关注和讨论较多（见图 10）。

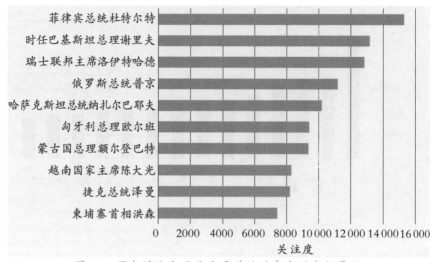

图 10 国内媒体和网民主要关注的参会国家领导人

（四）讨论话题丰富多样，论坛成果清单、习近平开幕式演讲以及习近平等国家领导人会见来华各国政要受热议

国内媒体和网民讨论的话题丰富多样，从论坛开幕式上习近平演讲到闭幕式上成果清单和联合公报的发布，从论坛准备工作到论坛景观设置、论坛晚宴菜单、文艺晚会等都引发热烈讨论（见图 11），其中"论坛成果、五大共识、五点意见"等成为国内媒体和网民讨论热词（见表 2）。

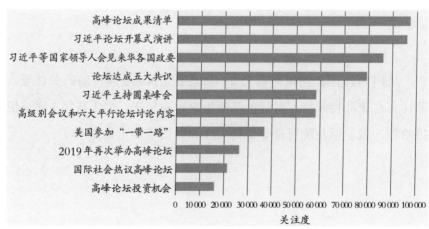

图 11 国内媒体和网民热议的十大话题

表2　国内媒体和网民关注热词

排名	热词	排名	热词
1	论坛成果	16	繁荣
2	五大共识	17	开放
3	开幕式演讲	18	创新
4	五点意见	19	文明
5	项目落地	20	务实合作
6	协议签署	21	政策沟通
7	圆桌会议	22	雁栖湖
8	包容性全球化	23	设施联通
9	发展信心	24	论坛直播
10	经济走廊	25	贸易畅通
11	投资机遇	26	民心相通
12	270项成果	27	资金融通
13	论坛晚宴	28	智库
14	论坛文艺晚会	29	丝路精神
15	和平	30	2019第二届高峰论坛

"论坛成果"话题的讨论最多，国内媒体和网民纷纷点赞，普遍认为此次论坛成果丰硕，亮出兑现承诺的中国行动，进一步描绘未来"一带一路"愿景和共赢蓝图。同时，网民也非常关心"一带一路"对生活带来的实质性影响，认为其对行业、企业和生活带来积极影响，为企业带来更多机遇，使民众生活更加便捷。

同时，媒体和网民认为习近平在开幕式上的《携手推进"一带一路"建设》主旨演讲掷地有声，展现了中国提出"一带一路"的理念，也深刻阐释各国共商共建共享的重要意义。此外，习近平演讲中引经据典也引起较多关注。

三、专家建议

首届"一带一路"国际合作高峰论坛取得圆满成功，得到国内外的高度关注和赞扬，为继续推进"一带一路"建设，专家建议：

第一，采取切实措施响应和落实习近平的五点意见和论坛上达成的各项协议，加快战略对接，推进项目落地。一是按照国家主席习近平关于建设和平、繁荣、开放、创新、文明之路的建议，进一步厘清"一带一路"的内涵、意义等内容，为"一带一路"的推进提供指导；二是按照论坛上达成的 270 多项成果以及高级别会议中各国形成的合作协议，有步骤地推进下一步工作，与相关国家协商战略对接和规划协调，共同建设"一带一路"；三是切实推动论坛上达成的项目协议的落实，使各国民众切实感受到"一带一路"的成果。

第二，继续做好"一带一路"建设成果的宣传工作，更好回应民众关切。一是积极宣传论坛上与各国以及国际组织达成的重要共识和积极成果，使更多国家民众了解到此次论坛以及"一带一路"惠及广大民众的重要意义；二是更好回应民众特别是沿线国家民众的关切，利用大数据技术等多种手段了解民众对"一带一路"建设的诉求和关注重点，更好推进"一带一路"建设。

第三，积极同世界范围内其他相关国家协商沟通，欢迎其参与"一带一路"建设，继续扩大"朋友圈"。可进一步与其他如美国等有意向参与"一带一路"的国家积极协商，加强各方面沟通。

中蒙俄"一带一路"合作互联网
关注情况及未来潜力*

"一带一路"提出后，蒙俄两国即对其高度关注，俄罗斯的积极情绪总体上高于蒙古国。如何对接"一带一路"成两国媒体和网民最为关注的话题，而汽车、产业园区和钢铁成两国最期待的合作领域。国内媒体和网民对中蒙俄"一带一路"合作态度更加积极，"中蒙俄经济走廊的战略价值"成为讨论重点。

一、蒙俄媒体和网民对"一带一路"合作的关注情况

（一）蒙俄两国对"一带一路"倡议持续高度关注

2016年6月，中蒙俄三方签署的《建设中蒙俄经济走廊规划纲要》标志着"一带一路"首个多边经济合作走廊正式实施，作为"一带一路"建设的重要早期收获，引起蒙俄两国媒体和网民的广泛关注。自2015年1月1日至今，蒙俄媒体和网民对"一带一路"倡议的关注热度总体保持较高水平，平均关注热度为85（见图1）。围绕"一带一路"合作以及中蒙俄经济走廊建设话题，形成系列关注高峰（见表1）。

* 本报告数据来源：（1）国内外官方统计机构公开发布的数据；（2）2015年1月1日—2016年9月5日，中蒙俄三国主要新闻网站、社交媒体、论坛等互联网渠道中与中蒙俄"一带一路"合作相关的数据219亿条。

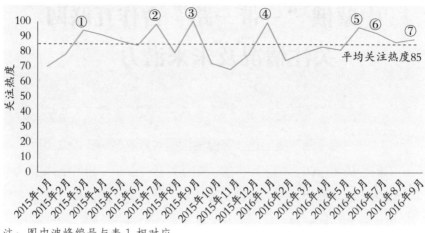

注：图中波峰编号与表1相对应。

图1 蒙俄两国媒体和网民对"一带一路"合作的关注趋势

表1 蒙俄两国媒体和网民关注的高峰事件

波峰编号	时间	波峰事件
①	2015年 3月28日	《愿景与行动》发布，明确提出建设中蒙俄经济走廊。
②	2015年 7月9日	中蒙俄三国元首在俄罗斯乌法签署《关于编制建设中蒙俄经济走廊规划纲要的谅解备忘录》。
③	2015年 9月3日	时任蒙古国总统额勒贝格道尔吉、俄罗斯总统普京来华参观纪念中国人民抗日战争暨世界反法西斯战争胜利70周年大会阅兵。
④	2016年 1月16日	蒙俄以创始成员国身份出席亚洲基础设施投资银行开业仪式。
⑤	2016年 6月23日	中蒙俄三国元首在塔什干见证《建设中蒙俄经济走廊规划纲要》的签署。
⑥	2016年 7月16日	李克强总理访问蒙古国并出席第十一届亚欧首脑会议。
⑦	2016年 9月4日	普京来华出席二十国集团领导人杭州峰会，中俄领导人举行双边会晤。

从两国媒体和网民对"一带一路"合作的态度看，18.61%持积极态度（见图2）。蒙古国媒体和网民认为在"草原之路"与"一带一路"的对接合作中，中蒙俄经济走廊建设使蒙古国在欧亚跨境运输方面占据重要位置，将有利于蒙古国借助中国的资金促进本国经济的

发展；俄罗斯媒体和网民认为欧亚经济联盟与"一带一路"对接是俄中关系的新起点，有助于大国合作的继续深化，是推动欧亚大陆经济发展的重要机制。12.89%的媒体和网民则持消极态度。蒙古国媒体和网民担心蒙中贸易长期停留在初级产品水平，蒙古国可能成为中国的原材料供应国，阻碍本国的经济转型；俄罗斯部分媒体和网民担心"一带一路"在中亚地区开拓市场可能会削弱俄罗斯与中亚国家的经贸关系，逐步降低中亚国家对俄依赖，进而影响到欧亚经济联盟在中亚的推行。从两国媒体和网民的情绪比较看，俄罗斯的积极情绪占比总体上高于蒙古国（见图3），消极情绪占比低于蒙古国。

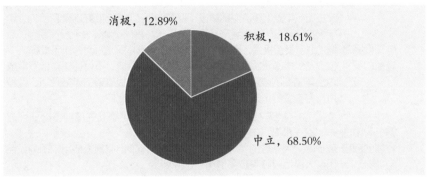

图 2　蒙俄两国媒体和网民对"一带一路"的情绪占比

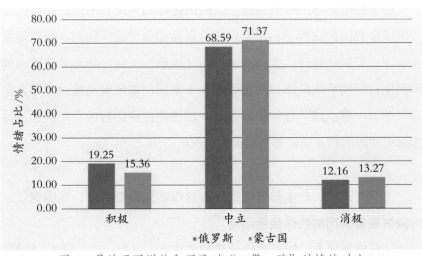

图 3　蒙俄两国媒体和网民对"一带一路"的情绪对比

（二）如何对接"一带一路"成为蒙俄两国媒体和网民热议话题

从讨论话题看，蒙俄两国关注内容主要集中在三个方面（见表 2）：

表 2　蒙俄两国媒体和网民讨论的主要话题及代表性观点

排名	话题	代表观点
1	对接"一带一路"的必要性及合作方向	蒙古国：双方将重点推动"一带一路"与"草原之路"对接，推动蒙中在跨境运输、能源、金融、农牧业等领域的务实合作，将有助于蒙古国的经济发展。 俄罗斯：基础设施滞后已成为制约俄罗斯经济发展的一个重要因素，俄罗斯希望通过俄中合作获得亚洲基础设施投资银行的资金资助，改善远东和西伯利亚的基础设施状况。从这个角度讲，丝绸之路经济带倡议构想同"跨欧亚大通道"建设及欧亚经济一体化进程相互对接完全可以实现。
2	中蒙俄经济走廊的意义	蒙古国：中蒙俄经济走廊建设不仅有助于提高蒙古国的国际影响力，也能够推动蒙古国国内经济发展，为三国在基础设施建设和投资项目领域增加联合投资机会，也将促进整个欧亚大陆的区域经济合作与发展。 俄罗斯：中蒙俄经济走廊具有重要的战略价值，不仅可以使俄罗斯成为全球重要的能源战略市场，同时，一旦北极航道的通道开通，俄罗斯作为重要的运输过境大国其战略价值不可低估。
3	"一带一路"对中国发展的积极影响	蒙古国：丝绸之路经济带是欧亚大陆最雄心勃勃的基础设施项目之一，这一举措是中国政府的首要任务之一。 俄罗斯：大多数的"一带一路"基础设施项目交易将使用中国的人民币，人民币被越来越多地用于国际贸易。

对于如何对接"一带一路"，两国媒体和网民有不同的见解：蒙古国媒体和网民侧重于如何发挥跨境运输作用方面，认为本国需要发挥地理位置的优越性，推动高速公路、铁路、天然气管道等跨境运输便利化；而俄罗斯媒体和网民则侧重于本国的基础设施建设方面，希望借助"一带一路"合作获得亚洲基础设施投资银行的资金援助，改善远东和西伯利亚地区的基础设施状况。

（三）汽车、产业园区和钢铁等合作领域最受关注，与黑龙江、内蒙古等省区市的合作最受期待

从蒙俄媒体和网民对合作领域的关注看，汽车、产业园区、钢铁、

信息通信和房地产等领域最受关注（见图4）。媒体和网民认为园区合作是中蒙俄互利合作的最优选择之一，与中国建立双边经贸园区有利于完善当地基础设施、集聚产业、优化产业链等。从蒙俄媒体和网民对我国主要省区市的合作期待看，黑龙江、内蒙古、辽宁、天津、河北关注度位居前五（见图5）。媒体和网民认为，随着"区域通关一体化"的实施，"一带一路"合作将以黑龙江、内蒙古等省区市为切入口，利用其优越的地理条件和较高的铁路联通水平，依托边境口岸推进与蒙俄的跨境经贸和产业合作。

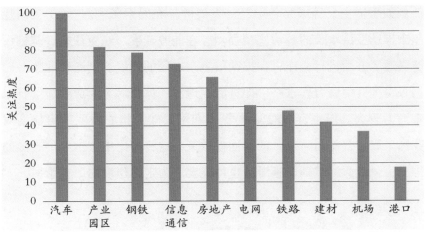

图4　蒙俄两国媒体和网民对"一带一路"合作领域的关注情况

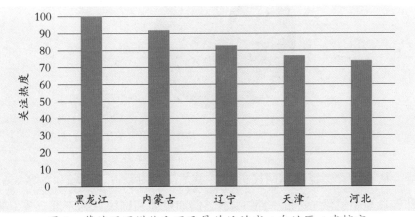

图5　蒙俄两国媒体和网民最关注的省/自治区/直辖市

二、国内媒体和网民对中蒙俄"一带一路"合作的关注情况

（一）国内媒体和网民普遍看好中蒙俄"一带一路"合作

90.87%的国内媒体和网民积极支持中蒙俄"一带一路"合作（见图6），认为"一带一路"合作以及中蒙俄经济走廊建设将对东北亚区域的地缘安全、三国经济发展等起到积极作用。主要观点有：（1）中俄两国多年的通力合作是东北亚区域安全的重要保障，能够有效降低例如恐怖主义等威胁各国经济发展的外在因素影响。（2）三国近年来推动经济增长的政治愿望强烈，在能源开发、经贸往来、基础设施联通等方面进行合作；在推动俄远东地区的发展、刺激东北新一轮振兴、提升中蒙合作水平、促进欧亚地区一体化等方面成效显著且未来潜力较大。但也有2.82%的媒体和网民较为担心俄罗斯可能会对我国采取"合作与防范"的两面性政策，这将阻碍中蒙俄经济走廊的推进；蒙俄两国基础设施滞后也可能会成为走廊建设的严重掣肘。

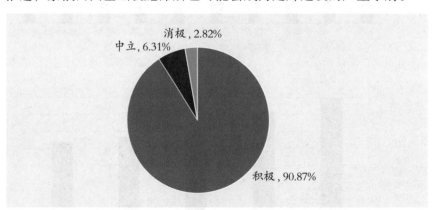

图6 国内媒体和网民对中蒙俄"一带一路"合作的情绪占比

从地域看，媒体和网民最期待黑龙江、内蒙古、新疆、辽宁、吉林等参与中蒙俄"一带一路"合作。例如媒体和网民认为东北三省（黑

龙江、辽宁、吉林）应加快完善对蒙俄的铁路通道和区域铁路网建设，通过诸如"沈满欧"等已开通的中欧班列，将东北实力强劲的城市与欧亚市场相连接，这对开拓东北三省海外市场、刺激东北振兴意义重大。另外，内蒙古与蒙俄共同开发旅游资源、建设满洲里综合保税区等也受到媒体和网民的热议。

（二）"中蒙俄经济走廊的战略价值"成为国内媒体和网民最关注话题

从媒体和网民的讨论话题看，"中蒙俄经济走廊的战略价值"最受关注（见图7）。媒体和网民认为，中蒙俄经济走廊在"一带一路"布局中处于海陆丝绸之路的交汇处，占据重要的地理和战略位置，不仅为"一带一路"打通欧亚通道，更为国内和沿线国家提供新的运输网络和发展红利。

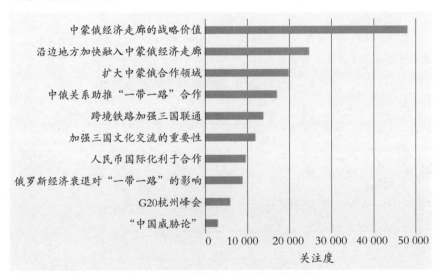

图 7　国内媒体和网民讨论的话题

三、中蒙俄"一带一路"合作进展

2012—2016 年，我国对蒙俄贸易额整体呈现先增后减趋势，

2016 年开始企稳回升（见图 8）。因受全球贸易额大幅下降等因素的影响，2015 年我国对蒙俄贸易额有所下降，2016 年缓慢增加，较 2015 年增加 1.23%。从贸易占比看，2011—2015 年间，蒙中、俄中双边贸易额占两国对外贸易额的比重分别上涨 7.68 个百分点和 3.28 个百分点（见图 9），表明与中国贸易在两国外贸中地位愈来愈重要。

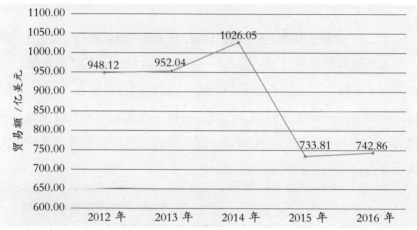

注：数据来源于海关总署。

图 8　2012—2016 年我国对蒙俄贸易额

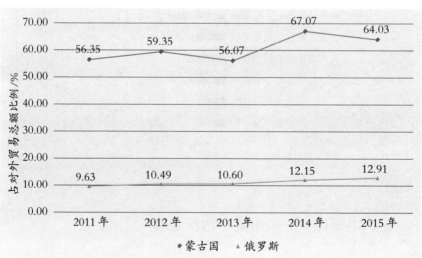

注：数据来源蒙古国和俄罗斯统计局。

图 9　与中国贸易额分别占蒙俄两国对外贸易总额的比例变化

从双边商品交易类型看，矿产品、机电产品是我国对蒙俄贸易最主要商品类型（见表3）。其中，中蒙贸易产品结构相对单一，矿产品贸易额约占双边贸易总额的62.19%；矿产品、机电产品则是中俄双边贸易的主要商品，分别占双边贸易总额的31.09%和16.47%。

表3　2011—2015年我国与蒙俄主要交易商品类型构成

蒙古国		俄罗斯	
产品类型	贸易额占比 /%	产品类型	贸易额占比 /%
矿产品	62.19	矿产品	31.09
机电产品	8.17	机电产品	16.47
纺织品及原料	7.65	纺织品及原料	6.33
贱金属及制品	4.67	木及木制品	4.06
运输设备	3.24	鞋靴、伞等轻工产品	3.13
塑料、橡胶	1.73	皮革制品、箱包	2.18

注：数据来源于海关总署。

四、专家建议

为促进中蒙俄三国有效合作，深入推进中蒙俄经济走廊建设取得更多早期收获，专家建议：

第一，继续保持和加强战略层面沟通和战略对接，建立有效的政府间长期合作机制。一是抓住《建设中蒙俄经济走廊规划纲要》实施契机，在发展战略、产业项目等方面加强对接，推动中蒙俄三国战略尤其是俄远东发展战略与中国振兴东北老工业基地规划的对接，在矿产开采、制造业、基础设施配套、金融等领域加强交流与合作；二是与两国各级政府保持密切沟通，及时了解各方面政策变动情况，夯实中蒙俄经济走廊建设的长期合作基础，减少政策变动对走廊建设的影响。

第二，动态跟踪两国经济发展状况，不断优化双多边贸易结构，有针对性地务实拓展双多边合作领域。一是通过联合建立贸易信息交流平台及时了解蒙俄两国经济发展现状，准确把握其经济发展走势；二是不断优化中蒙、中俄贸易结构，增强边境企业的实力，建立和完善贸易争端解决机制；三是在互利共赢的基础上加强三国的基础设施建设，合作开发电力、石油、天然气等。

第三，加强双多边文化交流和人员往来，强化中蒙俄经济走廊建设的民心相通。一是举办双多边的文化活动、合作论坛，邀请三国智库和专家共同研究战略对接和共建"一带一路"等内容，促进智库和专家的沟通了解；二是不断简化三国公民签证手续，适度增加蒙俄来华留学生名额，并为两国提供贸易管理、技术与司法人才培训等，建立人才储备与共享机制；三是通过大数据等技术手段，及时全面了解蒙俄两国民众对中国及"一带一路"的看法，正确宣传、及时答疑解惑，有针对性地对两国宣传"一带一路"，消解各种不实与负面舆论影响。

中国—东盟"一带一路"合作互联网关注情况及未来潜力 *

"一带一路"倡议提出以来，中国与东盟经贸人文合作进展顺利、态势良好。东盟国家及我国媒体和网民给予密切关注和积极评价。23.57%的东盟国家媒体和网民态度积极，新加坡、泰国、马来西亚关注热度最高，东盟国家媒体和网民对双边经贸和金融合作讨论较多，最期待与上海、北京、广东、浙江等省区市在旅游、钢铁、汽车等领域开展合作。国内媒体和网民对新加坡、泰国和印度尼西亚较为关注，对缅甸、老挝和马来西亚的积极情绪占比较高；就中国—东盟人文交流、基础设施互联互通建设、产能合作等话题展开了热烈讨论。

一、东盟国家媒体和网民对"一带一路"合作的关注情况

（一）东盟国家媒体和网民对"一带一路"持续高度关注，新加坡关注热度最高

自"一带一路"提出以来，东盟国家媒体和网民对"一带一路"合作的关注热度不断提升（见图1），且持续保持较高水平。其中，

* 本报告数据来源：2013 年 9 月 7 日—2017 年 3 月 31 日，中国、东盟各国主要新闻网站、社交媒体、论坛等互联网渠道中与中国—东盟"一带一路"合作相关的数据 207.01 亿条。

2016 年 11 月第 15 次中国—东盟交通部长会议通过《中国—东盟交通合作战略规划》（修订版）、《中国—东盟交通运输科技合作战略》和部长级联合声明引起媒体和网民关注高峰。

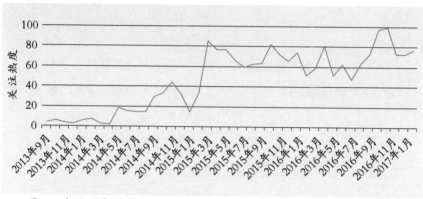

图 1　东盟国家媒体和网民对与中国"一带一路"合作的关注趋势

23.57% 的东盟国家媒体和网民对"一带一路"合作持积极态度（见图 2），其主要观点有：（1）"一带一路"倡议是中国治理模式的体现，对世界产生重大意义，吸引众多国家和国际组织的关注，东盟国家应该积极参与；（2）东盟是 21 世纪海上丝绸之路的关键枢纽，是中国推进"一带一路"不可或缺的重要区域；（3）中国—东盟合作领域广泛，东盟参与"一带一路"能够加快东盟国家间的互联互通。仅 0.12% 的媒体和网民持消极观点，认为："一带一路"的商机被盲目扩大，真正带动周边国家经济发展的作用有限；中国与菲律宾、越南等国在南海方面的争议会对合作推进带来负面影响。

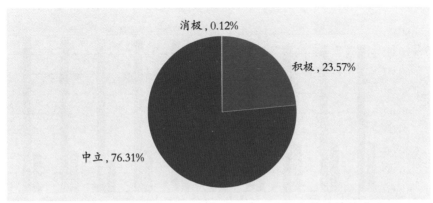

图 2 东盟国家媒体和网民对"一带一路"合作的情绪占比

从具体国别看，新加坡、泰国、马来西亚和印度尼西亚的关注热度位居前列（见图 3）。从关注情绪看，新加坡、马来西亚、缅甸和印度尼西亚积极情绪占比高于其他 6 个国家（见图 4）。

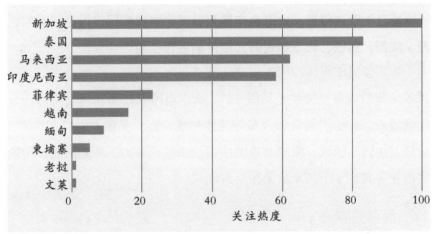

图 3 东盟各国媒体和网民对"一带一路"合作的关注情况

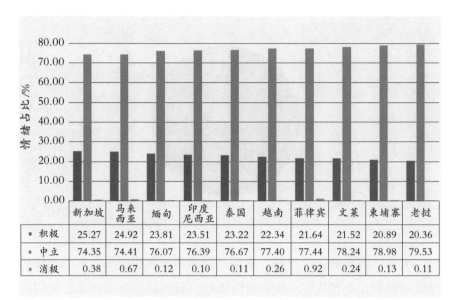

	新加坡	马来西亚	缅甸	印度尼西亚	泰国	越南	菲律宾	文莱	柬埔寨	老挝
■ 积极	25.27	24.92	23.81	23.51	23.22	22.34	21.64	21.52	20.89	20.36
■ 中立	74.35	74.41	76.07	76.39	76.67	77.40	77.44	78.24	78.98	79.53
■ 消极	0.38	0.67	0.12	0.10	0.11	0.26	0.92	0.24	0.13	0.11

图4　东盟各国媒体和网民对"一带一路"合作的情绪占比

（二）双边经贸、金融合作是东盟国家媒体和网民讨论最多的话题，旅游、钢铁、汽车等是最为期待的合作领域

从东盟国家媒体和网民讨论话题看，加强经贸、金融合作以及项目落地等话题最受关注（见图5）。从东盟国家媒体和网民期待的合作领域看，旅游、钢铁和汽车等关注热度最高（见图6），其中新加坡最关注汽车领域，柬埔寨最关注钢铁领域，泰国、马来西亚、印度尼西亚等其他8个国家最关注旅游领域。

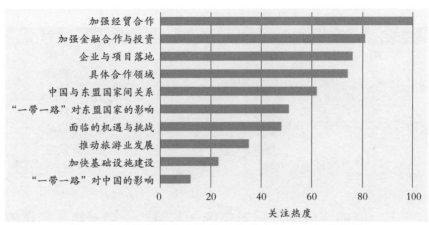

图 5 东盟国家媒体和网民讨论最多的十大热点话题

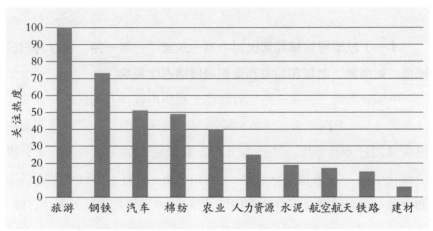

图 6 东盟国家媒体和网民最关注的主要合作领域

（三）东盟最期待与我国上海、北京、广东、浙江、重庆等省区市合作

从东盟国家关注的合作省区市来看，我国东部沿海以及北京和重庆等地最受关注（见表1），其中上海、北京、广东、浙江、重庆的关注热度位居前五。东盟国家希望在不同行业领域加强与不同地区的合作，例如希望与上海、重庆在金融领域，与天津在航空和高铁领域开展合作。

表 1　东盟国家关注的省 / 自治区 / 直辖市

排名	省 / 自治区 / 直辖市	排名	省 / 自治区 / 直辖市
1	上海	8	天津
2	北京	9	福建
3	广东	10	河北
4	浙江	11	四川
5	重庆	12	河南
6	山东	13	安徽
7	江苏	14	湖南

二、国内媒体和网民对中国—东盟"一带一路"合作的关注情况

（一）过半数媒体和网民对中国—东盟"一带一路"合作持积极态度，对缅甸、老挝和马来西亚积极情绪占比最高

中国—东盟"一带一路"合作也受到国内媒体和网民的高度关注（见图 7），近四年来，媒体和网民对中国—东盟"一带一路"合作的提及超过 460 万次。2015 年 3 月，我国发布的《愿景与行动》提出深化中国—东盟银行联合体、发挥中国—东盟（10+1）多边机制和中国—东盟博览会平台的作用等，引起国内媒体和网民的关注高峰。

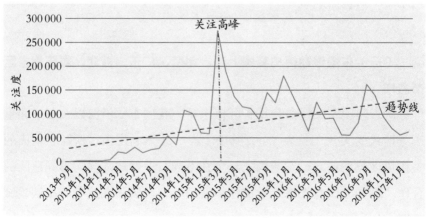

图 7　国内媒体和网民对中国—东盟"一带一路"合作的关注趋势

172

55.22%的国内媒体和网民对中国—东盟"一带一路"合作态度积极（见图 8），认为：（1）东盟十国是中国的重要邻国，中国—东盟有相对较好的设施联通基础，且在农业、海洋渔业、旅游等方面合作密切；（2）"一带一路"为中国—东盟合作提供新契机，东盟国家可以通过参与"一带一路"建设加强其本身的交通等基础设施的建设和优化，推动我国与东盟国家的国际产能合作，优化产业合作结构；（3）目前中国与东盟国家已在多个领域取得实质性进展，前景可期，例如中老铁路、雅万高铁等项目。

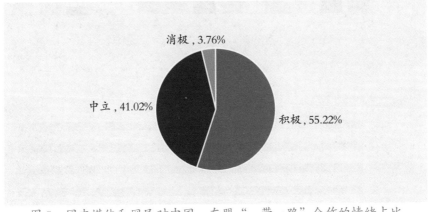

图 8　国内媒体和网民对中国—东盟"一带一路"合作的情绪占比

近四年来，国内媒体和网民对中国—东盟"一带一路"合作的积极情绪占比基本逐年增加（见图 9），由 2013 年的 49.77% 提升至 2016 年的 59.15%。从对具体国家的态度看，国内对中国与缅甸、老挝和马来西亚合作的积极情绪占比最高（见图 10）。

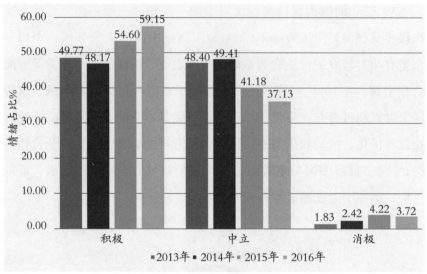

图 9 2013—2016 年国内媒体和网民对与东盟合作的情绪占比变化情况

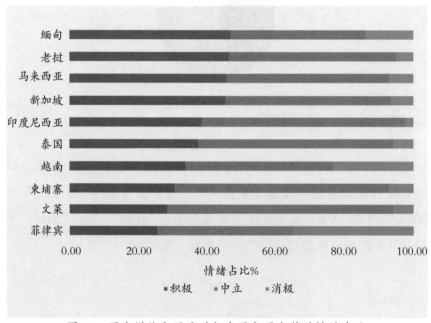

图 10 国内媒体和网民对与东盟各国合作的情绪占比

（二）中国—东盟间人文交流、基础设施互联互通建设以及产能合作等话题受到国内媒体和网民热议

从国内媒体和网民讨论的话题看，人文交流助力"一带一路"建设、基础设施互联互通、中国—东盟间产业和产能合作等最受关注（见图11）。从媒体和网民关注的具体热词看，中泰铁路、南海问题、10+1、东盟共同体、澜湄合作等关注度较高。从媒体和网民关注的具体合作领域看，媒体和网民最期待与东盟加强在铁路、电力和汽车等领域的合作（见图12）。

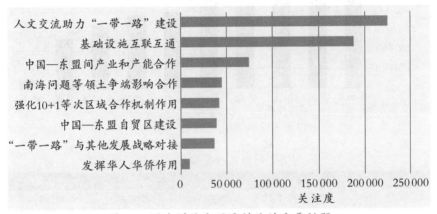

图 11　国内媒体和网民讨论的主要话题

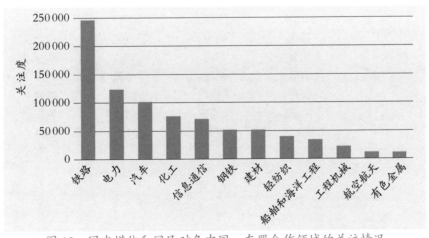

图 12　国内媒体和网民对各中国—东盟合作领域的关注情况

（三）国内媒体和网民最关注新加坡、泰国和印度尼西亚等国家

从对具体国家的关注情况看，近四年来，新加坡、泰国和印度尼西亚的关注度位居前三（见图13）。其中，2016年国内媒体和网民对柬埔寨和菲律宾的关注明显提升（见表2），而对印度尼西亚和越南的关注有所下降。

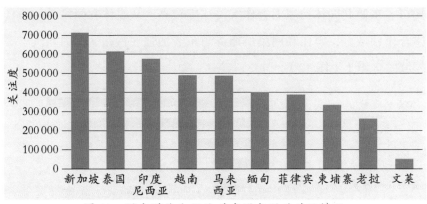

图 13　国内媒体和网民对东盟各国的关注情况

表 2　国内媒体和网民对东盟各国关注变化情况

关注度排名	2013 年	2014 年	2015 年	2016 年
1	印度尼西亚	泰国	新加坡	新加坡
2	泰国	新加坡	泰国	柬埔寨↑
3	马来西亚	印度尼西亚	印度尼西亚	泰国
4	新加坡	马来西亚	越南	菲律宾↑
5	越南	缅甸	马来西亚	马来西亚
6	缅甸	越南	缅甸	印度尼西亚
7	老挝	老挝	菲律宾	越南
8	文莱	菲律宾	老挝	缅甸
9	柬埔寨	柬埔寨	柬埔寨	老挝
10	菲律宾	文莱	文莱	文莱

三、专家建议

当前中国—东盟"一带一路"合作总体进展良好，但也受到域外力量干涉、海盗和恐怖主义猖獗、南海争端、贸易结构不平衡等因素的影响。为进一步促进中国与东盟国家合作，推动"一带一路"建设，专家建议：

第一，加强"一带一路"与东盟国家相关战略对接和规划落实，促进融合发展。加强"一带一路"与越南的"两廊一圈"、印度尼西亚的"全球海洋支点"等国家战略和计划的有效对接，强化战略协调和双多边合作共识；继续落实"2+7合作框架"，签订和有效落实具体合作规划和协议，并制定具体的行动方案和路线图，保证规划协议及时有效推进。

第二，借助澜湄合作等次区域合作机制和平台，确定双多边合作的重点领域和重点项目，培育增长新引擎。加强"一带一路"与澜湄合作等相关次区域合作机制的对接，提出相关合作的重点领域和早期收获项目，并加速推进落实相关项目，使相关国家民众有实实在在的获得感。

第三，充分发挥当地华人华侨纽带作用，加大人文交流与宣传，增强合作的民意基础。发挥华人华侨在东南亚地区发展的优势，借助华人华侨团体更好地与当地民众合作交流；以"中国—东盟旅游年"为契机，继续发挥中国—东盟博览会作用，增进人文交流与合作，深化相互理解与信任；通过大数据等手段多方面了解东盟国家对"一带一路"的认识和态度，有针对性地开展相关宣传工作，解疑释惑，为中国—东盟合作提供更加坚实的民意基础。

第四，维护中国与东盟合作的良好外部环境。通过对话协商妥善处理分歧特别是南海问题，全面落实和有效执行《南海各方行为宣言》，并尽早形成"南海行为准则"框架草案，维护南海地区的和平稳定；与东盟相关国家共同应对海上恐怖主义、海盗等安全问题，切实保障过往船只和公民的人身财产安全，为中国—东盟"一带一路"合作营造良好外部环境。

中欧班列沿线合作进展及互联网关注情况 *

当前中欧班列基本实现常态化运营，中国与中欧班列沿线国家① 贸易发展迅速。中欧班列运行及相关话题受到越来越多的关注和讨论，2016 年 6 月统一中欧班列品牌引起国内外媒体和网民的关注高峰。班列沿线国家中俄罗斯、德国、法国、西班牙和波兰等对中欧班列的关注热度最高；16.31% 的国外媒体和网民持积极态度；"中欧班列加速世界货物流通"等话题最受关注。近八成国内媒体和网民认为中欧班列将成为"一带一路"的重要品牌，其中对新疆、陕西、甘肃等省区市关注度较高。

一、中国与中欧班列沿线国家贸易发展情况

中国与中欧班列沿线国家经贸往来发展迅速。2011—2015 年，

---

* 本报告数据来源：（1）国内外官方统计机构公开发布的数据；（2）2015 年 1 月 1 日—2016 年 11 月 14 日，国内外主要新闻网站、社交媒体、论坛等互联网渠道中与中欧班列相关的数据 129 亿条。

① 指《中欧班列建设发展规划（2016—2020 年）》的规划地图中西、中、东通道方向的班列途经的 27 个国家：阿塞拜疆、爱沙尼亚、奥地利、白俄罗斯、保加利亚、比利时、波兰、德国、俄罗斯、法国、芬兰、格鲁吉亚、哈萨克斯坦、荷兰、吉尔吉斯斯坦、捷克、拉脱维亚、罗马尼亚、蒙古国、塞尔维亚、斯洛伐克、土耳其、土库曼斯坦、乌兹别克斯坦、西班牙、匈牙利、伊朗。

中国与中欧班列沿线国家的贸易额总体呈上升趋势，2015 年受全球经济低迷影响有所下降（见图 1）。在沿线国家中，中国与德国的贸易额最高（见表 1），达 8263.3 亿美元，占中国与中欧班列沿线国家贸易总额的 27.42%，其次为俄罗斯、荷兰、法国、伊朗。

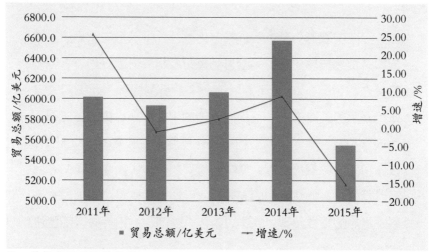

注：数据来源于海关总署。

图 1　2011—2015 年中国与中欧班列沿线国家的贸易情况

表 1　2011—2015 年中国与中欧班列沿线国家贸易额排名前十的国家

排名	国家	贸易额／亿美元	贸易额占沿线总额比例／%	排名	国家	贸易额／亿美元	贸易额占沿线总额比例／%
1	德国	8263.3	27.42	6	西班牙	1319.0	4.38
2	俄罗斯	4200.3	13.94	7	比利时	1313.8	4.36
3	荷兰	3484.2	11.56	8	哈萨克斯坦	1159.8	3.85
4	法国	2613.7	8.67	9	土耳其	1046.0	3.47
5	伊朗	2067.8	6.86	10	波兰	764.6	2.54

注：数据来源于海关总署。

中国对中欧班列沿线国家的出口优势明显。2011—2015 年，中国向沿线国家出口额比重为 56.72%，高于进口额比重（43.28%）；

且进口额和出口额比重差距呈逐年扩大趋势,出口额比重不断上升(见图2)。从具体国家看,中国与20个沿线国家的出口额比重高于进口,中国与7个国家的进口额比重高于出口(见图3)。

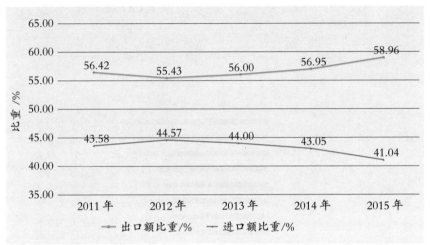

注:数据来源于海关总署。

图2 2011—2015年中国与中欧班列沿线国家的进出口额比重

中国向中欧班列沿线国家出口以机电产品为主,进口以矿物燃料、机械器具、航空器等产品为主(见表2)。德国、荷兰、俄罗斯、法国、西班牙是中国向中欧班列沿线主要出口国家,主要出口产品为锅炉、机器、机械器具、电机、电气设备等;德国、俄罗斯、法国、伊朗、荷兰是中国自中欧班列沿线进口的主要来源国,主要进口产品为矿物燃料、机械器具、航空器等。

表2 2015年中国向主要中欧班列沿线国家出口和进口产品类型

国家	主要出口产品	占比/%	国家	主要进口产品	占比/%
德国	锅炉、机器、机械器具及零件	22.19	德国	锅炉、机器、机械器具及零件	23.72
荷兰	电机、电气设备及其零件等	30.09	俄罗斯	矿物燃料、矿物油及蒸馏产品等	60.72

（续表）

国家	主要出口产品	占比/%	国家	主要进口产品	占比/%
俄罗斯	锅炉、机器、机械器具及零件	15.05	法国	航空器、航天器及其零件	23.29
法国	电机、电气设备及其零件等	20.71	伊朗	矿物燃料、矿物油及蒸馏产品等	68.80
西班牙	电机、电气设备及其零件等	15.90	荷兰	锅炉、机器、机械器具及零件	20.51

注：数据来源于海关总署。

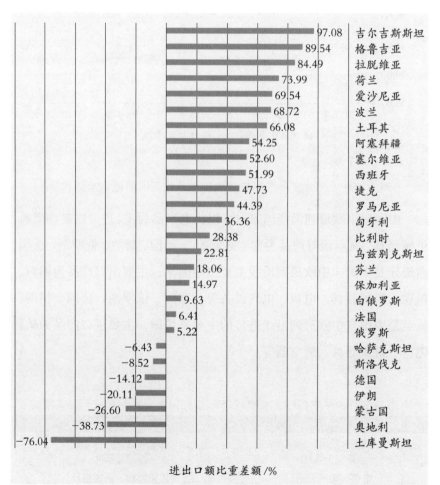

注：数据来源于海关总署，进出口额比重差额＝出口额比重－进口额比重。

图3　中国与中欧班列沿线国家进出口额比重差额情况

二、国外媒体和网民对中欧班列的关注情况

（一）中欧班列引起国外特别是班列沿线国家媒体和网民的高度关注

从国外媒体和网民的关注趋势看，中欧班列引起国外媒体和网民的较高关注，关注热度基本在 60 以上，且中欧班列沿线国家的关注热度总体高于国外平均关注热度（见图 4）。2016 年 6 月统一中欧班列品牌和中国国家主席习近平同波兰总统杜达共同出席统一品牌中欧班列首达欧洲（波兰）仪式共同引发关注高峰。从关注国家看，美国、英国等欧美国家以及新加坡等"一带一路"沿线国家对中欧班列最为关注（见表 3），而在中欧班列经过的沿线国家中俄罗斯、德国、法国、西班牙和波兰对中欧班列的发展最为关注。

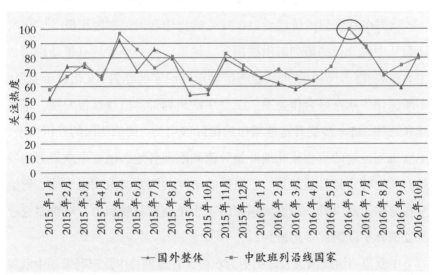

图 4　国外整体与中欧班列沿线国家媒体和网民对中欧班列的关注趋势

表3　关注中欧班列的主要国家

排名	国家	排名	国家
1	美国	11	马来西亚
2	英国	12	芬兰
3	新加坡	13	澳大利亚
4	俄罗斯	14	土耳其
5	德国	15	巴基斯坦
6	法国	16	菲律宾
7	加拿大	17	荷兰
8	西班牙	18	泰国
9	波兰	19	印度尼西亚
10	印度	20	比利时

注：红色为中欧班列沿线国家。

（二）16.31%的国外媒体和网民对中欧班列发展态度积极，班列沿线国家普遍期待班列带动中欧贸易及本国发展

从对中欧班列的情绪看，16.31%的媒体和网民态度积极（见图5），认为从中国开行的班列对沿线国家、城市、中小企业均有带动作用，主要体现在：一是中欧班列能够带动沿线国家的经贸、文化旅游发展，不断深化中欧友好合作关系。二是中欧班列带动沿线城市发展，增强其联通性，进一步提升这些城市的国际吸引力。例如德国的杜伊斯堡，中欧班列运输的货物从此地开始分流到欧洲各地，随着中欧班列的发展，其中转业务日益繁荣。三是中欧班列的运到时限大幅压缩、物流全程成本不断降低，对沿线国家的中小企业更具吸引力，有更多企业愿意选择中欧国际货运班列。

中欧班列沿线国家表现则更为积极，普遍期待中欧班列带动中欧贸易和本国的发展，认为：一是加强本国与沿线国家的对外联通性。中东欧等国家媒体和网民将中欧班列誉为"欧洲桥"，以中欧班列为代表的中国贸易通道在当地落户，将进一步促进本国与外界的交流，使本国成为中国与欧洲间的重要中转地。二是有利于促进两国的贸易发展，进一

步打开中国市场。西班牙为代表的西欧国家媒体和网民认为中欧班列将对双边贸易产生积极影响。例如西班牙网民认为中欧班列为拓宽中欧贸易提供了更便捷、有效的物流服务。

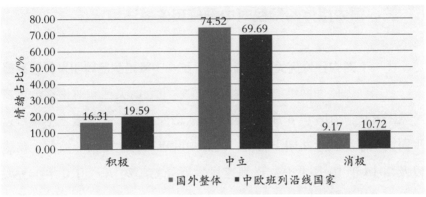

图 5　国外整体与中欧班列沿线国家媒体和网民情绪对比

（三）"中欧班列加速世界货物流通"等话题最受关注

从国外媒体和网民讨论的话题看，"中欧班列更具时间和成本优势，将加速世界货物流通"话题讨论最多。媒体和网民认为中欧班列可以实现多式联运，相较于空运和海运，中欧班列的铁路运输在时间和成本上性价比更高。据统计，班列货物最快 12 天抵达欧洲，运输时间仅为海运的 30.00% 左右，运行价格仅为空运的五分之一，被认为是国际货运的"高铁"。

具体来说，一方面，中欧班列的这种多式联运上的优势加强了中国与班列沿线国家的双向互动和贸易往来，西班牙、德国等西欧国家认为可以通过中欧班列将中国货物运至本国，本国货商也可以借助中欧班列进一步开拓中国市场；国际邮件的运输也将进一步增强中欧间的互动交流，促进相关企业的发展。另一方面，中欧班列也吸引了非沿线国家的关注和欢迎，这些国家也希望通过中欧班列转运货物。新加坡、韩国等非中欧班列沿线国家认为中欧班列能够降低运输成本，本国可"搭便车",借助中国的中欧班列将本国货物转运至欧洲,从而促进货物的全球流通。

三、国内媒体和网民对中欧班列的关注情况

(一)对中欧班列关注逐渐增多,统一中欧班列品牌引发关注高峰

从国内媒体和网民的关注看,对中欧班列的关注和讨论逐渐增多(见图6)。2016年6月统一使用中欧班列品牌、中国国家主席习近平同波兰总统杜达共同出席统一品牌中欧班列首达欧洲(波兰)仪式以及2016年10月《中欧班列建设发展规划(2016—2020年)》发布引起媒体和网民的关注高峰。

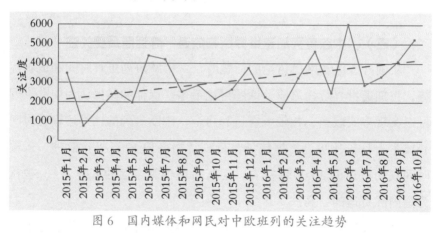

图6 国内媒体和网民对中欧班列的关注趋势

(二)近八成媒体和网民看好中欧班列发展前景,认为中欧班列将成"一带一路"重要品牌

79.61%的国内媒体和网民对中欧班列持积极态度(见图7),主要观点有:(1)中欧班列数量不断增加,已经有了较好的发展基础和开端。(2)中欧班列是铁轨上的丝绸之路,"一带一路"倡议促进了中欧班列的"换挡提速",将进一步促进欧亚大陆的互联互通,

为中欧班列的发展提供新的机遇。（3）中欧班列品牌统一以及《中欧班列建设发展规划（2016—2020年）》的发布，将进一步规范中欧班列运行，扩大现有班列的市场规模，促进班列市场的继续升温，有利于将中欧班列打造成"一带一路"的重要品牌和标志性成果。

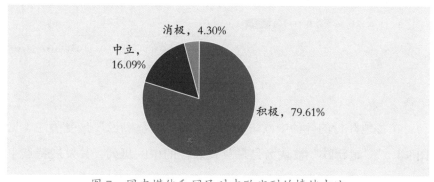

图7　国内媒体和网民对中欧班列的情绪占比

（三）班列沿线的新疆、陕西、甘肃、重庆、河南等地最受关注

从讨论话题看，"各地开行中欧班列"最受关注（见图8），2011年重庆首开"渝新欧"班列以来，各地积极开行中欧班列，推动中欧班列的建设和发展。其中新疆、陕西、甘肃、重庆、河南等对中欧班列规划明确、较为积极的省区市最受关注，这些较受关注的地方大致可分为两种：一是具有天然地理优势，对中欧班列规划非常明晰的，以新疆为代表，新疆拥有中欧班列的重要出入境口岸，有望成为国内货物的集散中心、班列到达目的地和始发地，并成为中亚班列和中俄班列的集结中心。二是班列开行时间较早、开行数量较多、基本实现常态化运营的，以重庆、陕西、甘肃、河南等为代表。

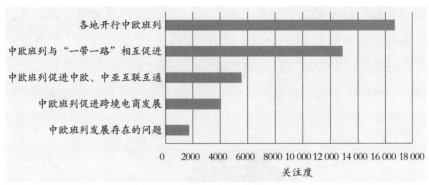

图8　国内媒体和网民热议话题

在各地开行的各种中欧班列中，重庆的"渝新欧"最受关注（见图9），"渝新欧"被认为是最具代表性的中欧班列，其发展特点主要有：一是通过技术研发创新，解决了运输过程中的安全、低温等问题，保障了班列顺利运行。二是增强了运输物品的多样化，推动《国际铁路货物联运协定》中关于禁止国际铁路运输邮包规定的废除，全程运邮已测试成功。三是竞争优势不断提升，其运输价格不断降低、时速不断提高，逐渐具备与海运竞争的优势。四是规划明晰，不断升级，目前重庆正在努力打造"渝新欧"的升级版——"亚新欧"，将会大大加强中国中西部地区与世界的互联互通。

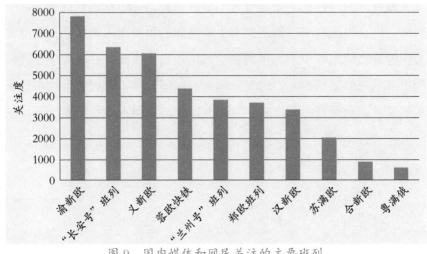

图9　国内媒体和网民关注的主要班列

四、问题与建议

专家和网民认为，虽然中欧班列自开行以来取得了巨大进展和效益，但目前还存在一些问题（见图 10）：（1）45.01% 的网民认为各地为在区域竞争中抢占先机，对班列进行或多或少的政府补贴，造成无序竞争，不利于中欧班列的健康发展。（2）30.14% 的网民认为大部分的中欧班列存在回程货物装载不足、货源对接不充分的问题，对中欧班列的持续盈利造成影响。（3）17.97% 的网民认为沿线国家轨道标准不同，班列全程需要多次换轨，增加运营成本。此外，还有通关便利化水平有待提高、沿线交通基础有待改善、班列设施配套能力有待加强等也受到关注。

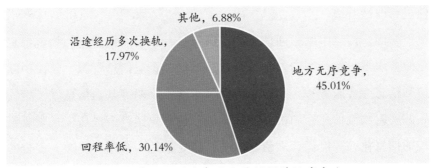

图 10　中欧班列存在的主要问题关注度占比

对此，专家建议：

第一，进一步落实《中欧班列建设发展规划（2016—2020 年）》，加快中欧班列建设相关配套政策出台，促进国内各班列物流协作。一是根据《中欧班列建设发展规划（2016—2020 年）》部署，尽快出台物流、运价等相关配套政策和要求，指导地方政府合理控制财政补贴的规模和时限，鼓励国内地方间合作，建立联动机制，保障已建班列的常态化、规范化运行。二是统筹协调相关部门，加强与中欧班列沿线国家的政策沟通，为中欧班列在沿线的顺利运行提供政策保障。

第二，加强与沿线国家政府和企业的沟通交流，促进便利化运营和货源的有效对接，深化贸易开放协作。一是加强与国外邮政、海关、检验检疫、铁路部门合作以及在运价、监管等方面的沟通，不断优化班列运行环境，促进通关便利化。二是加强与沿线国家和企业的货源对接，根据沿线国家的不同需求提供所需产品，有效对接供需，并不断增加班列的回程货源，共同促进经贸发展。

第三， 加强与沿线国家的交通基础设施对接合作，完善国际贸易通道建设。积极推动与中欧班列沿线国家共同规划欧亚铁路，制订相应的规划计划，稳步推进境外铁路建设；不断推进中国与中亚相关国家的铁路联通建设，同时鼓励和帮助相关国家对其国内部分铁路线路进行改造升级。

第四，构建中欧班列信息综合服务平台，全面提升班列物流信息化服务水平。整合国内外相关行业、部门、企业信息资源，建设中欧班列信息综合服务平台，提供线路、车次、班期等基本信息以及货物跟踪实时物流信息，加快推进物流服务信息化建设，提高多式联运管控的信息化、智能化、规范化水平，建立集约、快速、便捷、安全的多式联运监管和服务模式。

"一带一路"人才建设进展及互联网关注情况 *

随着"一带一路"建设的推进，人才交流和培养也越来越受到重视和关注。20.85% 的"一带一路"沿线国家媒体和网民认为"一带一路"人才建设有利于国际化人才培养，并为沿线国家带来新的就业机会，其中俄罗斯、波兰、巴基斯坦以及东南亚国家关注热度最高。国际贸易、计算机、金融、语言、工业设计、法律、土木工程、财务管理、新闻、机械制造等十大类人才最受沿线国家媒体和网民关注。国内媒体和网民也普遍支持加强"一带一路"人才建设，语言、财务管理、法律、教育、金融、文化产业、土木工程、旅游管理、电子商务、现代物流等十大类人才最受国内媒体和网民关注。

一、"一带一路"人才建设进展

"一带一路"人才建设相关政策文件陆续出台。在中央层面，2016 年 4 月，中共中央办公厅、国务院办公厅印发了《关于做好新时期教育对外开放工作的若干意见》，指出要实施"一带一路"教育

---

* 本报告数据来源：（1）国内外官方统计机构公开发布的数据；（2）2013 年 9 月 7 日—2016 年 12 月 31 日，我国及"一带一路"沿线国家主要新闻网站、社交媒体、论坛等互联网渠道中与"一带一路"人才建设相关的数据近 143 亿条。

行动，充分发挥教育在"一带一路"人才建设中的重要作用；2016年7月，教育部出台了《推进共建"一带一路"教育行动》，2016年9—11月，教育部先后与甘肃、宁夏、福建、广西、海南、贵州、云南、新疆8个省区签署了"一带一路"教育行动国际合作备忘录。在地方层面，截至2016年11月，浙江、海南、河北等10个省区市出台了推动共建"一带一路"的教育行动计划及具有本地特色的"一带一路"人才培养计划和方案。

高校积极加强"一带一路"相关专业化研究和人才培养。截至2016年12月，国内60多所高校出台了教育对外开放规划；2015年10月，8个"一带一路"沿线国家和地区的47所高校成立了"一带一路"高校联盟，共同打造"一带一路"高等教育共同体，推动沿线国家和地区大学在教育、科技、文化等领域的全面交流与合作，目前联盟成员增至126个。据不完全统计，"一带一路"倡议提出至2016年12月，国内共有24所高校根据自身专长和特点成立了专门的"一带一路"研究机构或学院，设立相关专业，加强"一带一路"的学术研究和人才培养。

留学生和海外华人华侨的带动和促进作用逐渐显现。教育部数据显示，"一带一路"沿线国家成为来华留学生的主要来源地。在2015年来华留学生生源排名前15名的国家中，有10个是"一带一路"沿线国家（泰国、印度、俄罗斯、巴基斯坦、哈萨克斯坦、印度尼西亚、越南、蒙古国、老挝、马来西亚），其中印度、巴基斯坦和哈萨克斯坦来华留学生数量同比增幅超过10.00%。出国留学方面，与中国有较多经济往来的沿线国家越来越受到中国学生的青睐。此外，华人华侨也成为推动"一带一路"不可或缺的力量，国务院侨办数据显示，截至2015年3月，"一带一路"沿线国家有4000万华人华侨，尤其是东南亚国家华人华侨数量最多，成为所在国与中国交流合作的重要桥梁。

与"一带一路"沿线国家的人才交流合作不断增强。地方政府、智库、高校和企业通过举办各类论坛、联合开展人才培养项目等方式，与沿线国家开展了宽领域、多层次的人才交流合作，例如"一带一路"国际俄语人才培养高峰会议暨中俄中学校长国际合作论坛、中国与新加坡举办的"一带一路"与国际化人才培养论坛、中民国际控股有限公司在印度尼西亚设立的"一带一路"人才培养基金等。此外，分布于沿线国家的 100 多所孔子学院也成为中国与沿线国家进行人才交流合作的重要平台。

二、沿线国家媒体和网民对"一带一路"人才建设的关注情况

（一）20.85% 的沿线国家媒体和网民认为"一带一路"人才合作交流有利于国际化人才培养，并带来新的就业机会

20.85% 的沿线国家媒体和网民态度积极（见图 1），认为：一方面，中国与沿线国家为促进双多边经贸合作，联合进行一系列员工培训、调查研究、论坛研讨等沟通交流活动，有利于各国更好地了解国际市场以及对方国家的市场动态，有助于国际化人才培养。另一方面，中国加强自身人才建设以及与沿线国家人才建设的合作，有利于优化"一带一路"建设中的人才构成，并将为本国带来新的就业机会。

另有 1.32% 的媒体和网民持消极态度，认为中国的跨文化人才培养建设仍然存在缺陷和不足，中国对中小国家语言、国情、民情了解不深入的现象普遍存在；另外，沿线国家虽释放越来越多的创业机会，但创业人才、高端技术人才缺乏，不利于中国与沿线国家的合作。

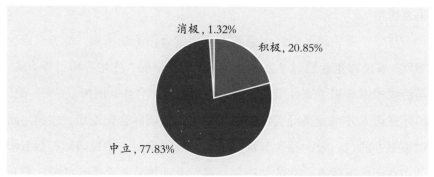

图 1　沿线国家媒体和网民对"一带一路"人才建设的情绪占比

（二）俄罗斯、波兰、巴基斯坦以及新加坡等东南亚国家最期待与我国开展"一带一路"人才交流合作

从沿线国家媒体和网民的关注看，俄罗斯、波兰、巴基斯坦、新加坡等国家对人才建设与交流合作话题的关注热度最高且态度积极（见表 1），其关注重点主要有：一是希望发挥本国在"一带一路"建设中的人才优势，例如阿联酋网民认为迪拜位于"一带一路"的重要位置，聚集了各类精英人才，能够在"一带一路"中发挥重要作用。二是认为"一带一路"加强了中国与其本国的人才培养交流，例如巴基斯坦网民认为巴基斯坦大学应该加强与中国大学的合作，培养高标准的技术人员来支撑"一带一路"建设。三是建议加强汉语人才方面的培养交流，如俄罗斯网民认为随着中俄"一带一路"合作的不断推进，俄罗斯的汉语人才需求将会增加，希望联合培养汉语人才。

表 1　最关注"一带一路"人才建设的沿线国家

关注热度排名	国家	积极情绪占比 /%	关注热度排名	国家	积极情绪占比 /%
1	俄罗斯	20.81	6	马来西亚	24.87
2	波兰	19.94	7	菲律宾	19.19
3	巴基斯坦	23.38	8	越南	21.08
4	新加坡	21.66	9	阿联酋	22.06
5	印度尼西亚	22.72	10	泰国	20.35

（三）国际贸易、计算机、金融、语言等十类人才最受沿线国家媒体和网民关注，金融类人才关注热度上升最为明显

从沿线国家媒体和网民关注话题看，"一带一路"对人才的具体需求最受关注，媒体和网民认为"一带一路"需要语言、宗教、文化、经济、法律等多个方面的人才通力协作，期望进一步了解具体需求，以充分发挥各自的人才优势。"'一带一路'人才培养方式"也引起较多讨论，认为可以采取联合办学、互换留学生等方式加强交流。

从沿线国家最关注的人才类型看，国际贸易、计算机、金融、语言、工业设计、法律、土木工程、财务管理、新闻、机械制造等十大类人才最受关注（见图2）。其中，俄罗斯、巴基斯坦、新加坡和菲律宾最关注国际贸易类人才建设，波兰和阿联酋最关注金融类人才建设。国际贸易类、计算机类人才在近三年均关注热度较高（见表2），金融类人才的关注热度排名最近一年则有明显提升。

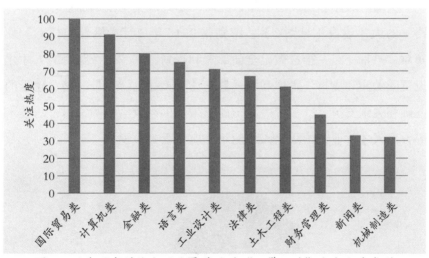

图2 沿线国家媒体和网民最关注的"一带一路"十大人才类型

表2 2014—2016年"一带一路"十大人才类型的关注热度排名

排名	2014 年	2015 年	2016 年
1	国际贸易类人才	国际贸易类人才	国际贸易类人才
2	计算机类人才	计算机类人才	金融类人才
3	语言类人才	工业设计类人才	计算机类人才
4	金融类人才	土木工程类人才	语言类人才
5	土木工程类人才	金融类人才	法律类人才
6	工业设计类人才	语言类人才	工业设计类人才
7	法律类人才	法律类人才	财务管理类人才
8	机械制造类人才	机械制造类人才	土木工程类人才
9	新闻类人才	推广宣传类人才	新闻类人才
10	电子类人才	新闻类人才	推广宣传类人才

三、国内媒体和网民对"一带一路"人才建设的关注情况

（一）国内媒体和网民普遍积极支持加强"一带一路"人才建设

从国内媒体和网民的情绪占比看，超九成支持国家加强"一带一路"的人才建设（见图3），特别是2015年3月《愿景与行动》发布对"一带一路"推进做出全面部署和规划，"一带一路"的人才建设更受关注和支持。媒体和网民普遍认为人才是"一带一路"建设的基础和关键支撑，"一带一路"能够带动国内及沿线国家语言、技术等方面人才就业，国际化人才的培养应该受到重视。

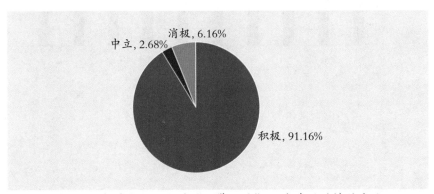

图3 国内媒体和网民对"一带一路"人才建设的情绪占比

（二）期待与俄罗斯、东南亚和南亚等沿线国家开展人才交流和联合培养

从国内媒体和网民对沿线国家的关注看，对我国与俄罗斯、东南亚、南亚等国家的人才交流与培养讨论较多（见图4）。媒体和网民认为，一方面，要学习借鉴印度、新加坡等国家在人才建设、吸引海外人才等方面的经验；另一方面，要加强与巴基斯坦、柬埔寨等国家的人才交流，建议通过为这些国家提供来华培训机会、我国驻当地企业开展人才培训等方式培养"一带一路"建设的各方面人才；此外，要推动与泰国、马来西亚等国家开展具体的人才需求和人才培养的对接，充分利用华人华侨力量开展"一带一路"建设。

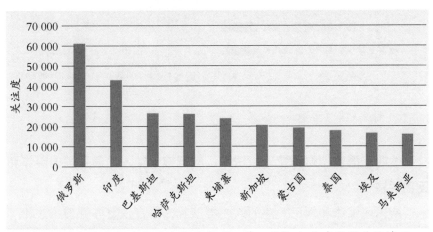

图4　国内媒体和网民对沿线国家"一带一路"人才建设的关注情况

（三）上海、新疆、北京、陕西和福建等地"一带一路"人才建设受到国内媒体和网民关注

随着"一带一路"的不断推进，各省区市及高校重视并不断加强"一带一路"人才建设成为媒体和网民的讨论焦点（见图5），其中上海、新疆、北京、陕西和福建等省区市最受关注。媒体和网民对这些省区市的关注各有侧重：一是上海、北京等高校较多、教育资源丰富的地方，媒体和网民较为关注这些地方成立的各类相关研究机构、举办的相关论坛等，认为其为人才建设做出了积极贡献。二是以新疆为代表需要吸引国内人才进行"一带一路"建设的地方，媒体和网民期待国内人才到新疆等"一带一路"的"前线"贡献力量。三是陕西、福建等"一带一路"重点省区市、对人才建设也比较重视的地方，媒体和网民认为其根据自身特点面向重点沿线国家开展人才交流，为本地参与"一带一路"建设提供人才支撑。

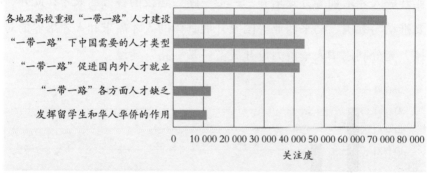

图 5   国内媒体和网民对"一带一路"人才建设的讨论话题

（四）语言、财务管理、法律、教育等十类人才最受国内媒体和网民关注

从国内媒体和网民关注的人才类型看，语言、财务管理、法律、教育、金融、文化产业、土木工程、旅游管理、电子商务、现代物流等十类人才最受关注（见图 6）。其中，在语言类人才方面，除英语作为全球通用语言最受关注外，俄语、阿拉伯语、土耳其语、孟加拉语等语种的人才也受到关注。媒体和网民认为"语言互通"是"一带一路"互联互通的基础，而目前国内 "一带一路"语言人才特别是小语种人才较为缺乏，语言人才建设是未来工作的重点，应该尽早出台国家语言战略，培养关键语种人才。

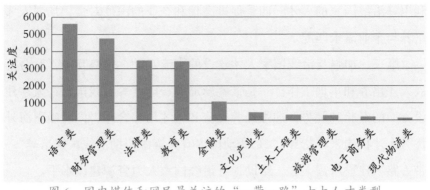

图6　国内媒体和网民最关注的"一带一路"十大人才类型

四、专家建议

人才是推动"一带一路"建设的重要保障，当前人才建设还面临着培养结构单一、国际化水平较低、与沿线国家的人才交流互动不足等问题，为此，专家认为应该在做好顶层设计的基础上，调动学校、智库、企业共同参与，加强与沿线国家的人才互动交流，共同做好"一带一路"的人才建设。建议如下：

第一，出台"一带一路"人才建设专项规划，完善相关人才保障机制。根据目前沿线国家以及国内参与"一带一路"建设的人才现状，研究出台有针对性的囊括人才培养、需求对接、人才交流等方面的规划；完善保障人才建设相关机制，充分调动国内以及沿线国家人才参与"一带一路"建设的积极性。

第二，推动高校、智库、企业积极参与，多方联动，培养适应"一带一路"建设需要的复合型人才。一是引导各高校根据自身特色和建设需求，合理设置学科专业和研究机构。二是充分发挥智库的研究和交流作用，调研沿线国家所需人才，研究目前国内人才培养的对策。三是促使"走出去"企业更加关注人才建设和管理，注重人才本地化，利用好沿线国家的人才。四是促进高校和企业的深度对接，加强人才培养与企业需求匹配。

第三，加强与沿线国家人才建设的交流互动，优势互补，联合开展人才培养和培训工作。一是借鉴新加坡、印度等沿线国家在人才建设方面的经验和优势，加强经验交流和人才培养合作，同时吸引海外优秀人才机构来华指导。二是调动国内有关资源帮助沿线国家培养"一带一路"建设所需人才，帮助提升沿线国家人力资源建设水平。

第四，充分发挥华人华侨和留学生作用，利用好孔子学院等海外人才培养平台。一是发挥沿线国家的华人华侨和孔子学院等海外平台对"一带一路"建设的积极作用，协助中国企业更好融入当地文化。二是设立"一带一路"留学基金，鼓励我国与沿线国家间的留学生互换，培养更多了解彼此语言和文化的人才。

第五，丰富和完善"一带一路"人才专题库，建立人才建设大数据监测和分析服务体系。一是依托"一带一路"综合数据库，建设人才专题库，并通过大数据分析手段及时掌握"一带一路"人才供需情况，为人才对接和匹配提供数据支撑。二是在"一带一路"相关网站上设立人才专栏，发布人才供求信息，为人才流动提供平台支持。

"一带一路"语言能力建设调研报告

　　加强"一带一路"语言能力建设是推进"一带一路"顺利实施的基础性工作。通过对沿线 64 个国家、国内近 50 所开设外语专业的院校、423 家语言服务机构及海外 134 所孔子学院等进行深入调研，并结合互联网大数据分析发现："一带一路"语言种类丰富，语言人才需求迫切。当前国内"一带一路"语言人才培养开始起步，但规模还不能满足需求；孔子学院等汉语人才培养机构在沿线国家的规模相对较小，语言服务机构服务能力亟待提升。建议启动国家"一带一路"语言能力建设工程，加强统筹规划、强化人才培养、提升服务能力、促进国际交流，着力增强语言实力，提高国际话语权，加快从语言大国迈向语言强国，为推进"一带一路"建设奠定坚实基础。

一、"一带一路"语言分布及语言人才需求情况

（一）沿线国家官方语言种类丰富，使用情况较为复杂

　　从官方语言数量来看，沿线 64 个国家共有 52 种官方语言。除波黑外，其他 63 个国家均在本国宪法中明确规定了本国的官方语言。从沿线国家官方语言的种类看，新加坡的官方语言种类最为复杂，包括英语、马来语、华语及泰米尔语 4 种，9 个国家有 2 种官方语言，其他 53 个国家均只有 1 种官方语言。从语言使用和分布情况看，英语、俄语、阿拉伯语是主要语言。其中，东南亚的新加坡、菲律宾和南亚的印度、不丹 4 个国家使用英语；东北亚的俄罗斯、中亚的哈萨克斯

坦、吉尔吉斯斯坦、塔吉克斯坦以及中东欧的白俄罗斯 5 个国家均使用俄语。然而，上述多数国家也同时至少使用一种其本国通用民族语言作为官方语言。此外，西亚和北非地区有 14 个国家使用阿拉伯语，还有 3 个国家使用马来语，2 个国家使用泰米尔语。除官方语言外，各国国内使用的地区语言或少数民族语言也种类繁多。例如，菲律宾境内除了其国家通用语言和官方语言外，使用人口超过百万的民族语言就有他加禄语、宿务语、伊洛卡诺语等十几种。

（二）"一带一路"语言人才需求迫切

通过国内外互联网大数据分析发现，在"一带一路"人才需求方面，语言类人才分列国内媒体和网民关注度排名第一位、沿线国家媒体和网民关注热度排名第四位。其中，除英语、阿拉伯语等使用广泛的语种外，土耳其语、孟加拉语、波斯语等也受到媒体和网民的高度关注。国内外媒体和网民普遍认为，"语言互通"是"一带一路"互联互通的基础，随着"一带一路"建设的深入推进，语言人才特别是小语种人才十分短缺，语言服务能力明显不足，加强"一带一路"语言能力建设显得十分迫切。

二、"一带一路"语言人才培养情况

（一）国内"一带一路"语言人才培养开始起步，但规模还不能满足需求

目前，结合"一带一路"建设的需求，国内各院校开始加大对语言人才的培养力度，主要表现在两方面：一方面，我国部分高校已逐步新增涉及"一带一路"沿线国家语言的专业。自"一带一路"倡议提出，我国大部分外语院校新开设了多种语言专业，其中 2016 年新

增外语专业最多，例如北京外国语大学新增了 16 种语言专业。另一方面，一些院校开始优化语言人才培养方案，"语言 +X"综合性人才成为培养新重点，例如广东外语外贸大学推进专业与外语深度结合，外语类专业学生实行"语种 + 专业方向"或者"小语种 + 英语"的培养模式；上海外国语大学在 2016 年本科招生时新增英语（教育）、德语（经济学）、西班牙语（企业管理）等"语言 +X"复合型人才培养方向。

但目前的语言人才供给还不能满足"一带一路"建设的需求。从"一带一路"沿线国家官方语言看，目前我国高校开设的外语语种以英语、俄语、阿拉伯语等为主，仍有部分语言尚未开设。而非通用语言人才更是匮乏，"国家外语人才资源动态数据库"高校外语专业招生情况统计显示，2010—2013 年已招生的 20 个"一带一路"小语种中，11 个语种的在读学生数不足 100 人，波斯语、土耳其语和斯瓦希里语 3 个语种仅 50—100 人，其余 8 个语种均不足 50 人。

（二）孔子学院等汉语人才培养机构快速拓展，但在沿线国家的规模相对较小

2015 年 10 月，习近平主席在伦敦出席全英孔子学院和孔子课堂年会开幕式上强调，"语言是了解一个国家最好的钥匙"。近年来，随着中国经济的发展和国际交往的日益广泛，全球汉语学习需求快速提升，以教授汉语和传播中国文化为宗旨的孔子学院也获得蓬勃发展。截至 2016 年，全球 140 个国家（地区）共建立 511 所孔子学院和 1073 家孔子课堂。随着"一带一路"的深入推进，汉语在"一带一路"沿线国家也日益受到重视，但孔子学院、孔子课堂的数量却相对较少。在"一带一路"沿线国家范围内，共有 134 所孔子学院和 130 家孔子课堂（见附件），仅占全球的 26.22%、12.12%，甚至有

13个国家既无孔子学院，也无孔子课堂，远远不能满足"一带一路"互联互通的需求。例如，与经贸合作相比，沿线国家孔子学院的分布与我国经贸发展情况并不十分匹配。与我国双边贸易额超百亿美元的国家中，有49%是"一带一路"沿线国家，但这些国家拥有的孔子学院和孔子课堂仅占20.26%（77/380）和5.04%（47/932），在与我国双边贸易额超百亿美元的前五位沿线国家中，越南、马来西亚、新加坡、印度的孔子学院仅为1—2所（见图1）。

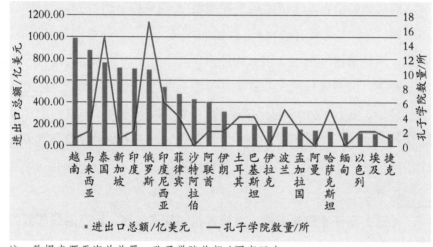

注：数据来源于海关总署、孔子学院总部/国家汉办。

图1　2016年与我国双边贸易额超百亿美元的沿线国家孔子学院数量

三、"一带一路"语言服务机构发展情况

（一）从总体看，语言服务机构增长迅速，但地域分布不均衡

语言服务业迅速发展，但绝大多数规模较小。语言服务业作为新兴服务业的组成部分，行业已具相当规模。从行业产值看，截至2015年，中国语言服务行业创造产值约2822亿元（其中以语言服务为主营业务的企业约7400家，营业收入约300亿元），较2011

年增加 79%，年均增长近 19.7%。从机构数量看，语言服务企业的数量也显著增长，截至 2015 年，在我国各地（不含港澳台）工商局注册的在营语言服务及相关企业数量约 72 495 家（《中国翻译服务业分析报告 2014》，中国翻译研究院、中国翻译协会联合中国翻译行业发展战略研究院发布），较 2013 年新增 16 520 家，年均增长 15%。从语言服务企业的注册规模看，语言服务企业注册规模呈逐步扩大趋势（见图 2），企业实力不断增强。其中注册规模小于 10 万元人民币企业数量骤减，注册资金 10 万以上规模企业增加较多，尤其是 10—1000 万规模的中等语言服务企业占比增加明显，同时出现了 1 亿元以上的大型语言服务企业，但其数量和占比仍然较小。

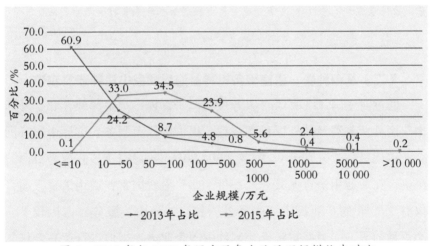

图 2　2013 年与 2015 年语言服务企业注册规模状态对比

从服务范围来看，60.15% 的语言服务企业集中于北京、上海、广东，覆盖的服务地域分布相对不均衡。1980—2015 年间，语言服务企业主要集中在北京、上海、广东、山东等地，北京、上海和广东所占比例较高，达 60.15%，企业数量分别为 2502 家、1067 家和 864 家（见图 3）。这与地域和行业需求特征有关，根据《2015 年译云™语言服务大数据报告》（中国翻译研究中心和译云™联合发布）分析，东部沿海地区的翻译需求集中而旺盛，且社科文化、IT信息、商业贸易、医药化工、财经金融、政府事务等需求旺盛的行业分布相对集中。

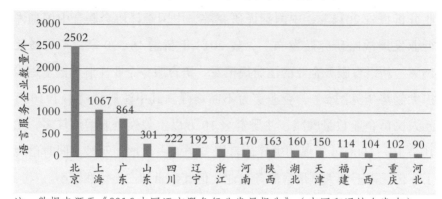

注：数据来源于《2016中国语言服务行业发展报告》（中国翻译协会发布）。

图3 我国语言服务企业数量排名前15的省/自治区/直辖市

（二）从语种看，语言服务机构对沿线国家小语种涉及较少

通过对全国423家语言服务机构调研发现，"中译外"和"外译中"两种业务涉及的外语种类一致，提供中译英服务、英译中服务的企业占比最高，分别为96.93%和94.80%（见表1），其次为日语、法语。在非通用语言尤其是"一带一路"沿线国家非通用语言方面，仅有2.60%的企业提供"中译外"和"外译中"服务，占比较少，小语种的服务能力严重匮乏，制约中国企业进入当地进行贸易合作。

表1 企业"中译外"和"外译中"业务涉及外语种类

"中译外"的语种	企业数量/个	占比/%	"外译中"的语种	企业数量/个	占比/%
英语	410	96.93	英语	401	94.80
日语	345	81.56	日语	341	80.61
法语	340	80.38	法语	338	79.91
德语	334	78.96	德语	334	78.96
俄语	328	77.54	俄语	325	76.83

（续表）

"中译外"的语种	企业数量／个	占比／%	"外译中"的语种	企业数量／个	占比／%
西班牙语	320	75.65	西班牙语	316	74.70
朝鲜语	310	73.29	朝鲜语	307	72.58
葡萄牙语	263	62.17	葡萄牙语	260	61.47
阿拉伯语	240	56.74	阿拉伯语	237	56.03
其他	11	2.60	其他	11	2.60

注：数据来源于《2016 中国语言服务行业发展报告》（中国翻译协会发布）。

四、专家建议

语言是传承人类文明、促进文化交流的主要载体，是国家的重要战略性资源。当前，全球化和信息化使语言的功能空前拓展，语言在文化、政治、经济、科技、军事、国家安全、外交等领域的作用日益重要。世界各国包括发展中国家纷纷推出国家语言战略，提升语言战略层次，拓展战略视域，推出重大举措，努力控制高点。可以说，国家语言能力建设问题已经刻不容缓。特别是随着"一带一路"建设的深入推进，对国家语言能力提出了新的紧迫需求，建议启动国家"一带一路"语言能力建设工程，着力增强语言实力，建设语言强国，为推进"一带一路"建设奠定坚实基础。

第一，加强"一带一路"语言能力建设统筹力度。一是建立国家"一带一路"语言能力建设统筹协调机制，制订"一带一路"语言专项规划，明确语言能力建设时间点、任务书和路线图。二是整合各类资源，建立国家"一带一路"多语言中心和"一带一路"语言数据库，打造"一带一路"语言研究国家级智库，加强对"一带一路"沿线各国语言、特别是小语种的研究工作。三是统筹推进汉语在沿线各国的推广应用，将汉语确定为"一带一路"建设的通用语言之一，确保汉语在"一带一路"关键领域、重要项目和重大工程相关文本和国际会议中的主导地位和作用。

第二，着力培养"一带一路"复合型语言人才。一是实施"一带一路"语言人才培养计划，鼓励高校合理有序、错位互补地开设"一带一路"相关语言专业；设立非通用语种人才专项培养经费，制定非通用语种人才特殊招生政策，培养和储备服务于"一带一路"的复合型语言人才。二是联合沿线国家和有关机构，建立"一带一路"语言人才库和"一带一路"语言人才国际培训基地，加强关键语言人才培养与储备。三是加强对外汉语人才培养，加快汉语教师和汉语教学志愿者队伍建设，全力满足沿线国家汉语学习需求；开展海外汉语教师普通话培训，加大国家通用语言文字培训测试的海外推广力度。

第三，努力提升"一带一路"语言服务和开发利用水平。一是建立"一带一路"语言服务网络平台，推动语言技术发展，建立包括在线翻译、多语云智库、会展语言等多维语言服务体系，提高语言服务移动化、智能化水平，推动传统语言服务行业转型升级和发展壮大，形成适应我国在对外经贸合作和人文交流中所需要的语言在线服务能力。二是建立"一带一路"语言大数据共享联盟，探索语言大数据增值服务机制，为"一带一路"建设和企业"走出去"提供高品质多语言服务支持。

第四，大力推进"一带一路"语言国际合作交流。一是建立国家"一带一路"语言博物馆，与沿线国家和有关机构共同发起"一带一路"国际语言博览会，打造全球语言集散中心和最具影响力的"一带一路"国际语言合作交流平台。二是加强孔子学院等汉语机构在沿线国家的布局，帮助海外汉语学校加快发展，使其成为"一带一路"上推进汉语言文化传播及应用的服务区和加油站。三是充分发挥市场和社会的拉动作用，整合国内外企业、教育机构、智库机构、华人华侨等各方面力量，拓展"一带一路"多层次语言文化交流渠道，打造国外能看得懂、接受得了、喜欢得上的语言文化精品，促进中外文明交流互鉴。

附件 孔子学院和孔子课堂在"一带一路"沿线国家的开设情况

区域	国家数量/个	国家	孔子学院/所	孔子课堂/家	总数/所（家）
东北亚	2	蒙古国	3	5	8
		俄罗斯	17	5	22
东南亚	11	新加坡	1	2	3
		印度尼西亚	6	2	8
		马来西亚	2	0	2
		泰国	15	20	35
		越南	1	0	1
		菲律宾	4	3	7
		柬埔寨	1	3	4
		缅甸	0	3	3
		老挝	1	1	2
		文莱	0	0	0
		东帝汶	0	0	0
南亚	7	印度	2	2	4
		巴基斯坦	4	2	6
		斯里兰卡	2	1	3
		孟加拉国	2	1	3
		尼泊尔	1	6	7
		马尔代夫	0	0	0
		不丹	0	0	0
西亚北非	20	阿联酋	2	0	2
		科威特	0	0	0
		土耳其	4	2	6
		卡塔尔	0	0	0
		阿曼	0	0	0
		黎巴嫩	1	0	1
		沙特阿拉伯	0	0	0
		巴林	1	0	1
		以色列	2	0	2
		也门	0	0	0
		伊朗	2	0	2
		约旦	2	0	2
		叙利亚	0	0	0

（续表）

区域	国家数量／个	国家	孔子学院／所	孔子课堂／家	总数／所（家）
		伊拉克	0	0	0
		阿富汗	1	0	1
		巴勒斯坦	0	0	0
		阿塞拜疆	2	0	2
		格鲁吉亚	1	1	2
		亚美尼亚	1	3	4
		埃及	2	3	5
中亚	5	哈萨克斯坦	5	0	5
		吉尔吉斯斯坦	4	21	25
		塔吉克斯坦	2	1	3
		土库曼斯坦	0	0	0
		乌兹别克斯坦	2	0	2
中东欧	19	波兰	5	2	7
		阿尔巴尼亚	1	0	1
		爱沙尼亚	1	0	1
		立陶宛	1	1	2
		斯洛文尼亚	1	4	5
		保加利亚	2	8	10
		捷克	1	0	1
		匈牙利	4	2	6
		马其顿	1	0	1
		塞尔维亚	2	2	4
		罗马尼亚	4	10	14
		斯洛伐克	2	1	3
		克罗地亚	1	0	1
		拉脱维亚	1	4	5
		波黑	1	0	1
		黑山	1	0	1
		乌克兰	5	1	6
		白俄罗斯	3	7	10
		摩尔多瓦	1	1	2
总计			134	130	264

注：数据来源于孔子学院总部／国家汉办（截至 2016 年 12 月）。

图书在版编目(CIP)数据

"一带一路"大数据报告.2017/国家信息中心"一带
一路"大数据中心著.—北京:商务印书馆,2017(2018.3重印)
ISBN 978-7-100-15080-4

Ⅰ.①一… Ⅱ.①国… Ⅲ.①区域经济合作—国际
合作—研究报告—中国—2017 Ⅳ.①F125.5

中国版本图书馆 CIP 数据核字(2017)第 209173 号

"一带一路"大数据报告(2017)

国家信息中心"一带一路"大数据中心 著

商 务 印 书 馆 出 版
(北京王府井大街 36 号 邮政编码 100710)
商 务 印 书 馆 发 行
北京新华印刷有限公司印刷
ISBN 978-7-100-15080-4

2017 年 9 月第 1 版 开本 787×960 1/16
2018 年 3 月北京第 2 次印刷 印张 13¾
定价:69.00 元